활동가는 처음이라

활동가는 처음이라

계엄 광장에서 비건 요거트까지,
청년 활동가의 시민사회 안내서

이한솔 지음

목차

들어가며 8

1부 **시민사회 맛보기**

1장 대문자 T가 활동가로 살아가기까지 23
2장 About '계절의 목소리' 30
3장 '시민', '시민사회' 그리고 '애드보커시' 47

2부 **활동가의 하루**

1장 그리 어렵지만은 않은 활동가의 하루 브이로그 59
2장 아직도 시민운동하는 사람들이 있다고요? 72
3장 시민 '있는' 시민사회 78
4장 '너 요즘 뭐 해?'라는 질문이 싫은 사람들 88
5장 "제가 활동가인지는 모르겠어요." 93

부록 1. 특정 정당과 결탁된 세력 아닌가요? 101

3부 **활동가의 일**

1장 변화가 발생하기까지의 A to Z   113
2장 너무 무겁고 올드하지 않나요?   126
3장 어떤 커뮤니티가 필요할까?   136
4장 포스트 페이스북은 어디에   147
5장 내 삶의 안전망을 스스로 만들 수 있다면   155

부록 2. 공공과 다른 게 무엇인가요?   162

4부 **활동가의 여러 얼굴들**

1장 뉴스에 나오는 것만이 시민운동의 전부는 아닙니다   171
2장 일터에서 이것도 할 줄은 몰랐네요!   181
3장 띠 두르는 투쟁부터 유튜브 쇼츠까지   187

5부 **활동가의 수익**

1장 저도 돈 얘기는 싫습니다만   197
2장 후원의 새 물결, 시민의 마음은 어떻게 움직였나   208
3장 시민사회도 연봉 협상이 있을까요?   217

부록 3. 노동자인가요? 활동가인가요?   223

6부 활동가 지망생 백서

- 1장 MBTI의 E만 가능한가요? 231
- 2장 무엇을 포기해야 하나요? 236
- 3장 너, 우리의 동료가 돼라! 242
- 4장 못 보던 얼굴들이네요. 당신들은 누구입니까? 248

부록 4. AI는 활동가를 대체할 수 있을까? 258

7부 변화를 위한 제안들

- 1장 나, 너, 우리가 안전하게 성장할 수 있도록 265
- 2장 평균 40대 운영진은 어떨까? 276
- 3장 우리만 아는 대화를 조금 줄여보면 어떨까? 281
- 4장 다 같이 모이자! 287

나가며

- 1장 세월호 세대, 그리고 탄핵 정국의 주축들 295
- 2장 그림에도, 어쩔히 시민사회는 필요하다 302

부록 5. 활동가라는 길을 시작하려는 이들에게: 다섯 개의 디딤돌 314

들어가며

커피도 많이 못 마시면서, 카페를 한다고?

2023년 9월, 시민사회의 새로운 공간 모델을 기획하며 꾸린 카페 '계절의 목소리'가 문을 열었다. 솔직히 말하자면, 처음 카페 공간에 대한 구상을 밝혔을 때 주로 '부정적인' 반응만 따라왔다. 황당, 걱정, 의심과 비슷한 종류의 우려들이었다. 그럴 만도 하다. 주거권이든 청년 문제든, 기존에 시민사회 활동가로 해왔던 일과 카페 경영은 연관성이 크게 없으니 말이다. 굳이 따지자면 유사한 업종이라 할 수 있는 공정무역과 크게 관련 있는 일을 해본 적도 없었다. 어디 그것만일까. 한국에서 자영업, 특히 카페는 2025년 1분기 기준 개업보다 폐업을 많이 한다는 업종이다. 더구나 평소에 커피를 많이 마시는 편도 아니다 보니 카페에 대한 이해도가 국민의 평균 수준이면 다행일 정도였다. 커피에 진심이더라도 성공하기 어렵다는 카페 창업을 뭣도 모르는 주제에 뛰어들겠다니, 진심으로 걱정하는 동료들이 가득했다. 심지어 의심의 눈초리도 있었다. 장사를 한다는 것은 명백히 돈을 벌겠다는 이야기다. 시민사회의 역사 속에서도 소위 '흑화'한 사람이 많았기에, 내가 공익적인 활동을 떠나 영리사업으로 눈을 돌린 게 아닐까 하는 합리적인 의심을 하는 사람도 당연히 있었다.

뜬금없이 카페 창업의 성공담 혹은 실패담을 늘어놓을 듯하지만, 이 책의 중심 주제는 커피가 아닌 '시민사회'라는 점을 우선 밝힌다. 기존에 시민사회를 다루는 콘텐츠들은 대체로 내부를 잘 아는 사람을 위한 분석이 주를 이루었다. 역사가 어떻고 구조가 어떻고 정파가 어떻고 등등. 이제 막 시민사회에 관심을 가지기 시작한 사람들이 참고할 만한 자료가 드물다는 점은 업계 사람으로서 언제나 아쉬운 지점이었다. 진로를 고민하는 청년이나 청소년을 만날 때 적극적으로 어필해 보고 싶었지만 마땅한 콘텐츠를 찾기 어려웠다. 『활동가는 처음이라』는 이러한 갈증에서 출발했다. 오랜 시간 다층적인 역사로 겹겹이 쌓인 시민사회를 고작 10년 남짓 일한 활동기가 전부 분석하고 정리하기란 애당초 불가능하다. 과한 욕심을 부리기보다 활동가로서의 미래를 고민하는 청년들이 모여서 나눈 경험, 그리고 그렇게 시작한 새로운 시도에서 어떤 기준과 시선을 발견했는지 얘기해 보면 어떨까 싶었다.

불과 1~2년 전만 하더라도 다소 무기력한 시절이었다. 시민사회의 사회적 영향력은 날이 갈수록 줄어드는 것만 같았다. 윤석열 전 대통령의 사례에서 알 수 있듯, 국가의 미래를 고민하기보다는 자신들의 권력 독점을 추구하는 정치 행태가 계속됐지만, 이를 견제할 만한 힘은 모이지 않고 있었다. 아무리 답답하더라도 일희일비하고 있을 수만은 없었다. 세상은 아주 느리게 바뀐다는 사실을 다시금 상기하며 활동의 기승전결을 더 길게 보고 언젠가는 찾아올 변화의 때를 준비하는 작업이 필요했다. 뜻이 맞는 동료 활동가들과 다양한 프로젝트를 시도하면서 차근차근 내일을 준비했다.

그리고 2024년 12월이 되었다. 국가적으로 부끄러운 역사가 된 계엄령이 선포되었다. 그러나 내란을 종식하기 위해 모인 광장은 시민들의 참여로 멋지게 수놓아졌다. 시민들의 목소리가 모여 잘못된 국가 권력을 바로잡고 민주주의가 회복되었다. 이 모든 과정은 탄탄하게 준비되어 있던 시민사회가 있었기에 가능했다. 계엄 사태가 터진 직후 빠르게 조직 간·조직 내 연락체계를 가동하며 국회 앞을 지켜낸 노하우와 체계적인 시스템이 있

11

었고, 1천 개가 넘는 단체가 한자리에 모여 연대체(개별 단체들이 공동으로 활동하는 단위)를 꾸리고 소통하는 문화가 있었으며, 계엄 다음 날부터 시민들이 참여하는 대규모 집회를 감당할 수 있는 역량 있는 활동가들이 있었다. 더 나아가 비단 계엄령 사건뿐만 아니라 차별과 혐오, 불평등을 조장하는 정치 세력에 대한 문제의식과 그에 대한 대안을 차근차근 쌓아오며 광장에 울려온 시민들의 다양한 목소리를 포용할 수 있는 오랜 현장의 시간이 있었다. 과거를 청산하는 탄핵의 시간은 시민과 시민사회의 최고의 호흡 속에 내란 정권의 평화적 종식이라는, 세계사에 내놓을 만한 민주주의의 위대함을 증명하며 마무리되었다. 그러나 시민들이 광장에 모인 이유는 단지 잘못된 정치인 한 명을 몰아내는 것으로 국한되지 않았다. 이제는 시민사회가 시민과 함께 더 나은 미래를 상상해야 할 때다. 특히 지난 광장을 이끌었던 2030 청년들이 각자의 일상으로 돌아간 지금, 평범한 나날에서 다시 시민사회를 만나 희망차고 즐겁게 활동하며 세상을 바꿔나가는 시기가 열렸다. 그렇기에 이 책에 담긴 청년 활동가들의 이야기는 더욱 값지고 의미 있을 것이다.

    시민사회를 최대한 폭넓게 소개하기 위해, 가능한 한 다양한 경험과 사례를 모으고 정리하고자 했다. 오만 가지 사회적 의제를 가지각색으로 풀어가는 곳이 시민사회이기에, 새로 진입한 청년 활동가들이 한쪽 모습만 보고 고정관념을 갖지 않도록 다채로운 장면을 담는 것이 중요했다. 물론 장밋빛 미래만 그리진 않았다. 아름다운 숲속에도 호랑이는 있다 하지 않는가. 희망찬 시민사회를 그려야 하는 시기임은 분명하지만, 현실이 마냥 순탄한 것은 아니다. 그렇다고 숨길 이유도 없었다. 한계와 아쉬움이 많아도, 냉정히 바라보면 하나씩 고쳐나갈 내공이 시민사회에는 충분히 있다. 오히려 새로 들어온 청년 활동가들이 변화를 이끄는 주체가 될 수 있기에, 지금의 과제를 있는 그대로 꺼내 보이고자 했다. 답답하고 힘든 여건 속에서도 한 번쯤 활동해 보고 싶은 마음이 들게 만드는 곳, 그곳이 시민사회이기에 즐거운 이야기와 어려운 이야기 모두 자신 있게 담을 수 있었다.

우리에게도 언어가 필요합니다

부족한 이야기부터 해보자. 가장 먼저 떠오르는 건 한 청년 활동가의 고충이다. 그의 어머님은 이런 말을 달고 사신다고 한다.

"너는 도대체 언제 제대로 된 일을 할 거니?"

저연차 활동가들 사이에서는 농담처럼 회자되지만,

13

은근히 마음을 긁는 질문이다. '엄친아'나 '엄친딸'은 평일 아침 규칙적으로 출근해 저녁이면 집으로 돌아온다. 그런데 내 자식은 출근 시간도 제멋대로인 것 같고, 주말마다 위험해 보이는 집회에 나가 집을 비운다. 게다가 요즘은 카페로 출근해 커피를 내린다니, 부모 입장에서는 이해하기 어렵다. 동창회에 나가면 다들 자식 자랑을 늘어놓는데, 내 아이가 무슨 일을 하는지 설명하지 못하고 돌아오는 날이 많다. 월급은 제대로 받는지, 어디 잡혀가는 건 아닌지, 노후 준비는 하고 있는지…… 전부 의문투성이다.

이 '설명하기 어려운 일'이라는 문제는 가족의 궁금증에서만 그치지 않는다. 공익활동가도 분명 직업이다. 가령 소설가는 글을 쓰고, 웹 개발자는 홈페이지를 만든다는 사실은 누구나 안다. 그런데 활동가라는 직업은 긴 역사를 가졌음에도 여전히 대중에게 낯설고 모호하다. 정체성을 명확히 설명하지 못하면 그 일을 진로로 고민하는 사람에게 매력을 어필하기도 어렵고, 그 일을 하는 사람조차 안정감을 느끼기 힘들다. 예전처럼 학생운동을 거쳐 선배의 권유로 자연스럽게 발을 들이는 경로도 사실상 사라졌다. 게다가 정보가 넘쳐나고 식입의 형태가 과거와 비교할 수 없을 만큼 다양해진 지금, 그저 자리를 지키고 있는 것만으로는 사람들이 알아서 찾아오지 않는다. 아무리 선하고 의미 있는 일을 해도 스스로를 설명하지 못한다면 결국 새로 진입하는 사람도, 함께할 동료도 줄어들어 이 영역 자체가 메말라 갈 수밖에 없다.

시민사회라는 분야, 활동가라는 직업은 결코 미지의 영역이 아니다. 누군가에게는 충분히 매력적인 일터의 모습과 성과를 지니고 있다. 다만 이를 효과적으로 설명할 언어가 다소 부족했을 뿐이다. 그러나 우리는 이 아쉬움을 방관하지 않았다. 광장에서 시민들과 직접 만나고 카페를 열어 시민사회를 잘 모르는 이들과 소통했다. 매일 유튜브 영상을 제작하고 SNS 기획을 하며 더 많은 시민에게 다가가기 위해 끊임없이 시도했다. 이렇듯 오늘날의 활동가들은 시민사회 활동을 어떤 언어로, 어떤 방식으로 전달할지 매일 고민한다. 그리고 내가 이 책에서 하려는 것은 그간 쌓아온 소중한 경험과 언어가 휘발되지 않도록 정리하는 것이다.

이미 사회 곳곳에는 변화를 모색하는 활동가들의 멋진 작업물이 차곡차곡 쌓이고 있다. 가령, 서두에 소개한 '계절의 목소리'도 그중 하나다. 시대가 변하듯 시민사회도 변화하거나 변화에 대비하고 있다. 카페 하나가 어떻게 살아남는지는 별로 중요하지 않다. 중요한 것은, 공익 활동과는 다소 이질적인 공간인 카페를 시민사회와 연결하는 과정에서 쌓인 시행착오와 성과다. 특히 '계절의 목소리'는 시민사회를 잘 모르는 손님들로 가득 차는 공간이다. 이 낯선 공간에서의 관계 맺음은 시민단체 내부에서만 일할 때는 미처 인지하지 못했던 한계와 가능성을 전혀 다른 차원에서 바라보게 했다. 그리고 이 일련의 실험을 함께한 청년 활동가들이 여전히 곁에 있다. 이들의 고민과 비전, 방향을 차분히 정리한다면 앞으로 시민사회로 진입할 또 다른 청년들에게 살아 있는 현장의 목소리로 다가갈 수 있으리라 믿는다.

시민사회를 되도록 가볍고 쉽게 소개합니다

이 책은 시민사회에 대한 개략적인 소개로 문을 연다. 청년 활동가를 비롯해 여러 분야에서 시도된 다양한 활동 사례를 중심으로, 전반적인 구조와 구성원(활동가), 일의 방식과 구분 기준 등을 차근차근 살펴본다. 이어서는 책의 본래 취지에 맞춰, 시민사회에서 직업 활동가로 일하고자 하는 이들을 위한 내용을 집중적으로 담았다. 예를 들어 오늘날 시민사회가 자주 받는 대표 질문들을 뽑아 소개하며, 이를 작은 '꿀팁'이나 매뉴얼처럼 활용할 수 있도록 했다. 선배 활동가들의 조언도 의미 있지만 때로는 저연차 활동가들이 직접 겪은 에피소드가 훨씬 실감 나는 레퍼런스가 되기에, 그런 경험들도 하나씩 모아 담았다.

또한 이 책은 직업 활동가를 지망하지 않더라도 시민 사회에 사이드 프로젝트로 참여하거나 관심을 두는 시민들의 눈높이도 고려했다. 모두가 직업적으로 활동을 하며 살아갈 수는 없을뿐더러 그렇다고 이해도가 높아야만 진입하는 영역도 아니기에, 몸소 부딪히기 전에도 간접적으로 시민사회를 경험할 수 있기를 바랐다. 활동가들의 하루를 따라가 보고 현장에서 돌발적으로 벌어진 사건을 기록하며, 인터뷰를 통해 생생한 목소리도 전한다. 다만 이 분야에서 일하는 것은 말처럼 쉬운 선택이 아니다. 저연차 활동가 상당수는 직업적 지속 가능성에 대해 긍정적으로 보지 않는다. 활동가는 세상에 꼭 필요한 직업이지만, 비전을 잃기 쉬운 현실 속에서 어떤 성장 과정이 필요한지 함께 모색하는 내용도 담았다. 아울러 업계 전반에 대해 평소 고민해 온 개선점들도 조심스레 제안했다. 한계를 극복하기 위한 방향을 던져두긴 했지만, 이는 어디까지나 현장의 활동가들이 더욱 깊이 고민하고 완성해 나갈 수 있도록 열린 제안으로 남겨두었다.

끝으로, 이 책은 시민사회가 여전히 중요한 이유를 다시 묻고 답하며 마무리한다. 국가와 제도는 언제나 느리게 움직이고, 오늘도 누군가의 일상은 제대로 지켜지지 못한다. 국회와 정부를 비롯한 제도로는 메울 수 없는 간극을 채우는 것이 시민사회의 역할이고, 시민사회는 단순히 목소리를 내는 것에 그치지 않고 구조가 닿지 못하는 일상의 틈에 실질적으로 개입하는 유일한 주체이다. 특히 2024년 12월부터 이어진 내란 정국을, 시민사회는 '세월호 세대'라 불리는 청년 시민들과 함께 힘을 모아 극복해 냈다. 지난 시국이 단순히 무능한 정치권력의 교체로 끝나지 않으려면 지금의 청년 시민과 시민사회가 함께 길게 호흡하는 과정이 필요하다. 지난겨울의 감동을 온전히 기억하고, 그 힘을 바탕으로 새로운 변화를 준비해야 한다. 이를 위해 이 책은 시민사회를 단순히 소개하는 데 그치지 않고, 세상의 희망을 더하기 위한 새로운 가능성과 시도를 함께 그려본다.

물론 "감히 네가 뭔데 시민사회를 소개해?"라는 반문은 충분히 타당하다. 유수한 선배들의 폭넓은 지식과 비교하자면 나는 시민사회의 10%도 알지 못하기 때문이다. 그럼에도 주거권 시민단체, 협동조합, 미디어 노동단체 등에 깊이 관여하며 사회적경제에서 노조까지 다양한 빈주의 운동을 직간접적으로 경험할 기회가 있었다. 또한 시민사회 전반을 다루는 조직과 여러 연대체의 운영을 맡으며 폭넓게 익힌 경험도 있다. 그 과정에서 멋진 동료들을 만나기도 했다. 지금까지 시민사회를 다룬

책들이 대체로 논문처럼 딱딱했다면, 본서에서는 최대한 시민사회를 쉽게 풀어내는 데 집중했기에 시민사회를 100% 알지 못하더라도 이 시도가 나름대로 의미 있는 작업이 될 것이라 믿는다.

또한 저연차·저연령 활동가들이 어떤 마음으로 시민사회에 참여하며, 어떤 현재와 미래를 그리고 있는지를 깊이 들여다보는 작업은 흔치 않다. 단순한 시민사회 소개도 중요하지만, 새롭게 이 길을 지망하는 사람들에게 인사이트를 제공하고 현장에서 고군분투하는 동료들을 이해할 수 있는 참고서가 되기를 바랐다. 어찌 보면 우리의 일터를 매력적으로 소개하는 작업이기도 하다.

어르신들에 따르면 매 시기가 위기였고 힘들었다는데, 오늘날 역시 시민사회 활동가로 살아가는 일은 여전히 쉽지 않다. 그 어려운 길을 묵묵히 걸어가는 활동가분들에게, 이 책을 통해 진심으로 감사를 전하고 싶다. 특히 '계절의 목소리'를 처음 만들며 온갖 시행착오를 견뎌낸 창립자 진경, 하늬, 현미, 그리고 계엄 때 함께 광장을 수놓았던 '불평등 물어가는 범청년행동'을 비롯한 수많은 동료 활동가들에게는 특별한 마음을 담아 고마움을 전한다.

솔직히, 매일 아침 샤워를 하며 '때려치울까?'라는 생각이 스치기도 하는 혼돈의 삶을 살고 있다. 그러나 그만큼 즐겁고 신나고 보람차고 행복한 순간도 많다. 그 뒤죽

박죽이면서도 흥겨운 날들의 배경에는 늘 함께 웃고 떠들 수 있는 공간이 있었다. 이 책은 그 시간들의 기록이자, 조금은 느슨하지만 진심 어린 초대장이다. 다사다난했던 우리의 생생한 이야기가 궁금하다면, 부디 끝까지 함께해 주길 바란다.

1부
시민사회 맛보기

대문자 T가 활동가로 살아가기까지

누구나 시민사회로 진입하기를 기대하며 쓴 책이지만, 정작 필자가 어떤 배경과 마음가짐으로 활동가로 살아가고 있는지에 대해서도 간략한 설명이 필요할 듯해 지난 10여 년을 잠시 돌아보고자 한다.

MBTI를 크게 신뢰하진 않지만, 주변 사람들이 나를 보며 단 한 번도 의심하지 않는 글자가 있다면 바로 'T'다. 나 역시 부정할 생각은 없다. 평소 감정 기복이 거의 없고 섬세하게 마음을 읽으며 공감하는 사람들을 보면 오히려 신기하게 여기는 편이다. 활동가라고 하면 으레 공동체와 이웃이 겪는 부조리에 분노하며 시민사회에 뛰어드는 경우가 많지만, 가끔은 나처럼 심각한 상황이 벌어져도 크게 동요하지 않는 사람늘도 있다. 예컨대 윤석열이 계엄령을 선포했을 때 공포나 분노가 치밀어 오르는 대신, 우선 머릿속으로 계엄 직후 시민사회가 어떤 절차를 밟아야 할지부터 계산하고 곧장 회의를 소집하는 부류다. 물론 서로 다른 성향의 사람들이 모여 상호보완이 잘 이루어지기에, 나 같은 사람도 활동가로 살아가기에 충분하다.

그렇다 보니 활동을 시작하게 된 특별히 드라마틱한 서사는 없다. 몇몇 사건이 분명 영향을 주긴 했지만, 설령 그 일들이 없었더라도 활동을 선택했을 가능성은 높다. 굳이 이유를 꼽자면, ① 인간으로서 지켜야 할 도리, ② 내 생활 리듬과 잘 맞는 일상, ③ 장기적인 시선으로 세상을 바라볼 수 있는 호흡, ④ 마땅히 맡을 사람이 없는 일을 우연히 잘 해낸 행운, ⑤ 스스로 한 말에 대한 최소한의 책임감 정도가 지금까지 활동을 이어오게 한 동기일 것이다. 아마도 더 극적인 사연을 내세워야 독자들에게 감동을 주고 시민사회로 발을 들이게 만들 수 있겠지만, 이래서 '대문자 T'라는 별칭을 얻었는지도 모르겠다.

그래도 말이 나온 김에 앞서 언급한 이유들을 하나씩 조금 더 풀어보자. 먼저 '인간으로서 지켜야 할 도리'라고 표현한 것은, 정말 나뿐 아니라 누구라도 비슷한 상황에 놓였다면 같은 결정을 내렸을 것이라 생각하기 때문이다. 나의 친형은 방송 현장의 케케묵은 관행과 부조리를 고발하다 세상을 떠난, CJ ENM의 故 이한빛 PD

25

이다. 당시 CJ ENM이라는 거대 기업을 상대해야 한다는 압박감은 말로 다 설명하기 어려울 만큼 컸다. 방송국 법률팀은 모든 쟁점을 회사에 유리하게 이끌었고, 구조적 모순이 만연했던 당시 방송 업계에서는 형의 목소리에 힘을 실어줄 사람이 없었다. 마침 그 시기는 박근혜 대통령의 탄핵 이후였고 새로운 세상에 대한 기대가 가득했지만, 정치권은 개인과 대기업의 분쟁에 과반의 표가 보장되지 않는 한 깊이 관여하지 않았다. 게다가 나는 군 복무 중이어서 신분상 제약까지 겹쳤다. 형의 명예 회복은 끝내 불가능할지도 모른다는 두려움이 가득했다. 그 절망적인 순간에 손을 내밀어 준 이들이 시민사회였다. 그중에서도 '청년유니온'과 '민달팽이유니온' 같은 청년 단체들이 먼저 나서주었다. 같은 청년으로서의 공감에서 출발해 전문적인 대응 역량까지 갖춘 덕에 시민들의 지지를 이끌어낼 수 있었고, 결국 CJ ENM으로부터 공식적인 사과를 받아냈다. 평생 짊어져야겠다고 생각한 과업이 불과 1년도 되지 않아 마무리된 것이다. 자연스럽게 시민사회, 특히 청년 단체들에게 언젠가는 작게라도 보은을 하고 싶다는, 혹은 해야만 한다는 마음이 생겼다. 그 후 회사로부터 받은 위로금으로 방송 노동자를 지원하는 '한빛미디어노동인권센터'를 설립했다. 물론 모든 조직의 시작이 그렇듯 한빛센터도 초기에는 우여곡절이 많았다. 설립만 해놓고 손을 놓고 있을 수 없었고, 마침 사회생활을 본격적으로 시작해야 할 20대 후반이었던 나는 한빛센터의 업무를 돕는 동시에 시민사회 활동에 직접 뛰어드는 길을 택했다. 그러던 중 유가족, 그러니까 내가 한빛센터에서 임금을 받는 활동가로 있는 것이 부담스러운 상황이 되었고, 때마침 '민달팽이유니온'에서 긴급하게 활동가가 필요한 시점이 찾아왔다. 민달팽이유니온은 2011년 설립 멤버로 함께했던 인연이 있었기에 긴급 투입 활동가로서 가장 잘 맞는 사람이 나이기도 했다. 아무리 생각해도 거절할 명분이 없었다. 인간이라면 누구나 지켜야 할 도리로서, 그리고 나와 꼭 맞는 자리로서, 청년 단체에서 활동하며 힘을 보태는 것은 너무도 자연스러운 선택이었다.

그렇게 막상 활동을 시작해 보니, 의외로 내 일상 리듬과 잘 맞았다. 엄격하거나 위계적인 분위기와는 거리가 먼 유연한 근로 환경은 그야말로 최적이었다. 자유도가 높다 보니 월요병도 거의 없었고, 이는 다른 직장인에 비하면 큰 행운처럼 느껴졌다. 주말 근무가 잦긴 했지만 활동가 동료나 시민 들과 함께하는 자리인 만큼 좋은 사람들과 같이 노는 기분이 들어 크게 힘들지 않았다. 씀씀이가 크지 않고 품위 유지를 위해 억지로 써야 할 돈도 없다 보니 적은 월급도 그럭저럭 견딜 만했다. 무엇보다

27

사회적으로 의미 있는 일을 하면서 월급까지 받을 수 있다는 점에서 '이 정도면 괜찮다'는 생각이 자주 들었다. 활동가로서의 의무와 책임을 잠시 차치한다면, 직장으로만 보았을 때 상당히 '케미'가 잘 맞는 일터라 굳이 다른 직군으로 옮길 이유도 없었다.

물론 직업 리듬만 놓고 본다면 활동가는 어디에 내놓아도 경쟁력이 있을 거라 확신하지만, 세상이 쉽게 변하지 않는 현실은 많은 이들을 이 영역에서 떠나게 만든다. 이 지점에서도, 다행히 감정 기복이 크지 않고 전반적으로 호흡이 긴 내 성향과 잘 맞았다. 아주 길게 보면 사회는 조금씩 나아지고 있는 듯하니, 당장 성과가 눈에 보이지 않더라도 큰 타격 없이 일을 이어갈 수 있었다. 게다가 시민사회에는 언제나 사람이 부족하다. '민달팽이유니온'에서 일을 시작할 당시처럼 의미 있는 역할을 누군가는 반드시 맡아야 하는데 사람이 없고, 그 역할을 내가 해낼 수 있다면 마다할 이유가 없었다. 동료들의 응원을 받으며 스스로도 잘 맞는 옷을 입고 있다는 확신이 들었기에, '활동가로 오래 살아도 괜찮겠다'는 마음이 자연스럽게 자리 잡았다.

뱉은 말을 주워 담을 수 없고 한번 한 약속에는 책임을 져야 하는 상황이 반복되는 것도 나를 계속 활동하게 만드는 이유 중 하나다. 돈을 벌지 못하던 대학생 시절이든 지금처럼 직업적으로 일하는 때든, 공익적인 일을 하는 순간마다 자원(특히 돈)의 부족은 늘 따라다니는 문제다. 누군가에게 후원이나 도움을 요청하려 해도, 내가 그들에게 줄 수 있는 보상이 사실상 없다. 자본주의 사회에서 누가 봐도 비합리적인 선택을 하게 만들려면, 함께 사는 사회를 더 나은 곳으로 만들겠다는 분명한 청사진으로 설득해야 한다. 그렇게 "진정성 있게 해보겠다"는 약속을 해버린 이상 나중에 가서 무를 수는 없었다. 결국 시작한 활동가의 길을 계속 걸을 수밖에. 책임이 또 다른 책임을 불러오는 순환고리를 타기도 했다. 예를 들어, 사회주택 업계의 장기적인 미래를 위해서는 현장성과 전문성을 갖춘 청년 그룹이 중심에 서야 한다고 줄곧 주장해 왔는데, 때마침 사회주택 영역을 총괄하는 '한국사회주택협회' 대표 선출 시기가 다가왔고 나의 주장이 중론이 되는 분위기가 형성되었다. 그리고 그 시점에 나는 해당 요건을 충족하는 유일한 인물이었다. 협회 규정상 회원사 현직자만 대표로 출마할 수 있었고, 누군가 첫 총대를 메야 다른 사례로도 확장할 수 있었기에 자임해 최선을 다할 수밖에 없었다. 입만 살았다는 소리를 듣고 싶지 않아 그렇게 또 새로운 일을 맡게 된 것이다. 이처럼 시민사회에서는 서로를 설득하고 약속을 지키는 과정에서 다른 생각을 할 겨를 없이 활동을 이어가게 된다. 이런 설명이 다소 건조해 보일 수 있지만, 중요한 건 좋은 사람들과 신뢰를 잃지 않고 약속을 지키며 살아갈 수 있다는 사실 자체가 주는 보람이 크다는 것이다. 이런 행복감은 웬만한 직군에서는 쉽게 느끼기 어려우니, 한 번쯤은 맛보기라도 경험해 보기를 권하고 싶다.

물론 지금까지 이야기한 건 나의 활동가로서의 개인적 배경일 뿐, 시민사회를 일터로 지속하게 만드는 요인은 이 외에도 무수히 많다. 이 책에서 이어질 이야기들을 통해 그런 이유들을 하나씩 소개하고자 한다. 마지막으로 너무 당연해서 개인사에서는 빼두었지만, 활동가 일상의 '베스트'를 꼽자면 무엇보다 좋은 동료들과 함께 일하고, 의지하고, 때로는 함께 웃고 놀 수 있다는 것이다. 물론 예외도 없진 않지만(?), 대체로 따뜻한 인성과 비슷한 가치관, 그리고 세상을 바라보는 날카로운 시선을 함께 지닌 멋진 사람들이 많다. 그들과 업무 파트너이자 친구로, 진정한 의미의 선후배로 지낼 수 있으니 이만한 직장도 드물다고 자신 있게 말할 수 있다. 이 책을 읽고 있는 누군가가 또 다른 동료로 함께해 주기를 바라본다.

About '계절의 목소리'

생일 카페도 좋지만,
이태원 유가족의 일일 카페는 어떠신가요?

아침부터 카페가 분주하다. 재료가 가득 든 샌드위치가 산더미처럼 쌓여 옮겨지고, 열댓 명에 이르는 사람들이 왁자지껄 오픈 준비에 나서고 있다. 스태프라고 하기엔 인원이 과하게 많아서 지나가는 이가 본다면 아이돌 '생일 카페'를 준비하는 게 아닌가 착각할 법하다.

이날 '계절의 목소리'에서 열린 행사는 '이태원 유가족의 일일 카페'였다. 굳이 따지자면 생일 카페와 완전히 다른 콘셉트는 아니다. 참사 2주기를 앞두고 유가족, 특히 부모님들은 오늘을 살아가는 청년들과 편하게 마주 앉을 자리를 마련하고자 했다. 지난 2년 동안 이들은 진상 규명과 특별법 제정을 위해 공청회, 토론회, 집회장

등의 투쟁 현장을 오갔다. 그러나 그런 자리들은 일상과 거리가 멀 수밖에 없었다. 특히 세상을 먼저 떠난 자식들의 나이가 대부분 20대였기에, 기일을 앞두고 또래 청년들에게나마 출출함을 달래줄 간식을 하나라도 챙겨주고 싶으셨으리라. 마치 2년 전까지만 해도 누렸던 평범한 하루를 보내는 것처럼. 그렇게 음료와 수제 샌드위치를 무료로 나누는 '이태원 유가족 일일 카페'가 10월의 마지막 금요일 문을 열었다.

10.29 이태원참사 유가족 일일 카페 (출처: 김지애)

다행히 '계절의 목소리'는 부모님들의 바람에 꼭 맞는 공간이었다. 학기 중에는 하루 방문자가 100명에 달할 정도로 인지도가 높은 카페라, 굳이 '알고 찾아와야 하는' 시민사회 후원 행사와 달리 자연스럽게 20대가 드나드는 문턱 낮고 분위기 좋은 동네 사랑방이기도 하다. 40명가량이 앉을 수 있는 테이블과 의자가 있어 인사를 나누고 담소를 즐기기에 충분하고, 원래 디저트로 유명한 카페의 샌드위치를 맛보기에도 안성맞춤이다. 민간의 작은 법인이 운영하는 '개인' 카페라 정치권이나 행정기관, 프랜차이즈 본사에 행사 목적을 보고하거나 허가를 받을 필요도 없었다. 홍보물을 보고 찾아온 손님과 전혀 모르고 들른 손님이 어색함 없이 섞여 즐길 수 있는 공간인 셈이다. 차이가 있다면 일일 카페의 주인이 '팬클럽'이 아니라 '이태원 유가족'이고, 이벤트의 목적이 '축하'가 아닌 '기억'이라는 점, 그뿐이었다.

결과적으로 이번 일일 카페는 낮 시간 동안 300명이 넘는 방문객이 다녀갈 만큼 성황리에 마무리됐다. 연대의 마음으로 먼 길을 찾아온 활동가들, '계절의 목소리' 단골손님들, 그리고 무슨 행사인지 궁금해 발걸음을 멈춘 대학생들까지, 모두가 정성이 가득 담긴 샌드위치와 음료를 마음 편히 먹고 갈 수 있었다. 작은 응원의 메시지와 따뜻한 마음이 오가며 유가족들은 추모대회를 앞두고 웃음을 잃지 않는 하루를 보낼 수 있었다. 덤으로 일반적인 생일 카페를 기획할 때보다 절반 이하의 비용으로 행사를 치렀다는 사실은 긍정적인 성과였다.

물론 '계절의 목소리'가 2주기 기획 및 공간 콘셉트와 절묘하게 맞아떨어져 우연히 일일 카페로 활용된 것은 아니다. 이미 참사 1주기 때부터 공간 내 추모 전시, 다큐멘터리 공동체 상영회, 북콘서트 등을 기획하며 연대의 손길을 이어왔다. 이러한 지속적인 연결의 경험이 관계를 단단하게 만들었고, 덕분에 이번처럼 새롭고 신선한 기획까지 함께 고민하고 지원할 수 있었다.

바로 이것이 '계절의 목소리'가 문을 연 가장 큰 이유다. 본업이 바쁜 청년 활동가들이 시간을 쪼개 이 공간을 만든 목적은 단순히 예쁘고 편리한 공간 하나를 마련하는 데 있지 않았다. 공간을 매개로 시민사회 내부, 그리고 시민과 시민사회 사이에 새로운 연결을 상상하고 이를 현실로 만드는 데 있었다. 공간을 거점으로 지속적인 연대와 기획을 이어가고자 했던 것이다. 그렇기에 '계절의 목소리'의 성과와 의미는 단순한 공간 대관 이상의 가치를 지닌다.

'Feminist'라는 글자가 인사하고
세월호 10주기 포스터가 벽지인 카페

입구 문을 열면 커피 머신보다 먼저 시선을 사로잡는 것이 있다. 'Feminist'라고 적힌 작은 플래카드다. 눈높이에 딱 맞게 걸려 있어 고개를 들거나 숙일 필요 없이 자연스럽게 시야에 들어온다. 진한 보라색 글씨와 흰색 배경이 강렬하게 대비되고, 출입문과 불과 3m 남짓 떨어진 곳에서 마주 보고 있으니 이 플래카드를 외면한 채 카페에 들어서기란 도저히 불가능하다.

이 플래카드의 정체는 3월 8일 국제 여성의 날을 맞아 '계절의 목소리'가 기획한 봄 시즌 전시물이다. 많은 이들이 아직 기억할 것이다. 21대 대통령선거 후보자 토론회에서 이준석 후보가 생중계로 내뱉은, 차마 입에 담기 어려울 만큼 노골적인 여성혐오 발언을. 그리고 지난 2024년 22대 국회의원 선거에서도 상황은 크게 다르지 않았다. 대한민국 정치권은 여전히 진영 논리에만 갇혀 시민들의 바람을 읽지 못했고, 디지털 성폭력 문제는 날로 심각해졌다. 여성혐오와 성불평등이 만연한 가운데 이를 해결해야 할 정치 영역에서는 여성 어젠다가 아예 삭제되고 있었다. 오히려 '페미니즘'이라는 단어를 입에 올리면 사이버불링과 집단적 공격의 표적이 되기 일쑤였다. 당연한 권리를 요구하면서도 눈치를 보고 위협을 감수해야 하는 현실 속에서, 안전하고 편안한 마음으로 성평등을 외칠 수 있는 공간이 절실했다.

'내가 사는 동네에 안전하고 안심할 수 있는 공간이 있다면?', '사회에 꺼내고 싶었던 나의 이야기를 당당하게 외칠 수 있는 곳이 있다면?', '외롭지 않게 의지할 수 있는 아지트가 근처에 있다면?' 누구나 한 번쯤 품어봤을 법한 바람이지만, 척박한 한국의 도시에서 현실로 만드는 일은 쉽지 않다. '계절의 목소리'에서 전시를 기획하는 활동가들은 이런 상상을 실제로 구현하기 위한 방법을 고민했다. 우리가 말하는 '편안함'은 단지 벽지 색깔이 따뜻하고 조명이 부드러운 물리적 조건에 국한되지 않는다. 사회로부터 배제된 이들이나 사회에 꼭 필요한 목소리를 내는 이들을 함께 지지해 주는 곳, 나아가 나 스스로의 목소리를 직접 발화할 수 있는 곳이야말로 진정한 의미의 편안함을 줄 수 있다고 생각했다.

꼭 다뤄져야 할 목소리를 전시라는 형태로 진중하게 모아내는 동료 활동가들의 역량은 놀라웠다. 그들은 현장의 당사자를 만나고 의미 있는 글과 기획을 찾아다니며, 결국 하나의 멋진 작품을 완성해 냈다. 그렇게 마련된 봄 전시는 여성들의 목소리로 가득 채워졌다. 대학생, 성소수자, 여성단체 등 다양한 위치에서 정치를 바라보는 여성들의 이야기가 다채롭게 담겼다. 그리고 물론 우리 모두의 기억 속에서 결코 지울 수 없는 가슴 아픈 봄의 기억, 세월호 참사 10주기를 함께 기억하고 아픔을 나누는 목소리도 꼭 필요했기에 여성 전시 공간 이외의 벽에는 10주기 관련 행사 홍보물이 걸렸다.

'계절의 목소리'라는 이름을 잘 지었다는 칭찬을 자주 듣는다. 그만큼 기획자들의 애정과 고민이 깊이 스민 이름이다. 계절마다 시민사회의 다양한 목소리를 담아 꺼낼 수 있는 공간이 되자는 뜻을 품고 있다. 계절은 누구에게나 각자의 기억과 감정을 불러일으킨다. 어린이날, 추석, 크리스마스처럼 모두가 비슷한 인상을 공유하는 날이 있는가 하면, 그 사이에 사회적으로 함께 기억해야 할 장면들도 있다. 잊지 않기로 한 약속이 있고, 약자들이 목소리를 모아 외치는 날이 있다. 그러나 시민 개인이 혼자 목소리를 낼 수 있는 방법은 SNS 업로드처럼 제한적이다. '계절의 목소리'는 이런 목소리들을 계절에 맞게 모으고 울려 퍼지게 하는 마이크가 되고 싶다. 공간을 찾은 사람들과 목소리를 나누고 계절에 맞는 전시와 활동을 함께 기획하며, 이름에 걸맞은 공간으로 계속 성장해 나가려 한다.

계절의 목소리 여성 전시 (출처: 계절의목소리)

이화여대 앞 골목, 유명한 비건 디저트 가게

 신촌 대학가, 그것도 40명 이상이 앉을 수 있는 넓은 홀을 갖춘 상가에서 카페가 살아남으려면 하루에 못해도 100잔 가까운 커피를 팔아야 한다. 그러나 이곳은 스타벅스나 메가커피 같은 프랜차이즈도 아니고, 2층에 자리한 이름조차 생소한 카페다 보니 일부러 찾아오는 손님은 많지 않다. 상황을 더 어렵게 만드는 건 입지다. '계절의 목소리'가 자리한 이화여대 골목은 한때 중국인 관광객 붐으로 젠트리피케이션이 심화되며 임대료가 급등했지만, 사드THAAD 사태와 코로나19로 관광 산업이 붕괴하면서 지금은 공실률이 50%를 넘을 만큼 침체된 거리다. 굳이 신촌에서도 이곳을 택한 이유는, 죽어가던 골목에 다시 활력을 불어넣어 보겠다는 목표가 있었기 때문이다. 그러나 현실은 이상과 달랐다. 유동인구가 많은 곳조차 하루 100잔 판매가 쉽지 않은데, 주말이나 방학철처럼 대학생조차 드문 시기에는 인건비는커녕 임대료조차 낼 수 있을지 막막했다.

그런데 '계절의 목소리'를 버티게 해준 장본인은 예상 밖에도 '요거트'였다. 때로는 카페인지 디저트 가게인지 헷갈릴 만큼 커피보다 요거트 판매량이 더 많다. 물론 흔히 볼 수 있는 요거트가 아니다. 정확한 이름은 '비건 두유그릭요거트 보울'. 일반적으로 우유를 베이스로 만드는 그릭요거트와 달리 두유를 베이스로 하고 플레인, 카카오, 블루베리 세 가지 맛으로 구성된 100% 비건 제품이다. 여기에 수제 그래놀라 및 두유그릭요거트와 조화를 이루는 다양한 토핑을 곁들여, 간식은 물론 식사 대용으로도 충분한 한 끼를 완성한다.

이 디저트를 처음 만들게 된 가장 큰 이유는 비건 음

식의 접근성을 높이고 싶은 마음에서였다. 기후 위기 대응이든 동물권이든, 지구의 생명을 지키기 위해 작은 보탬이 되고자 비건을 선택하는 사람들이 늘고 있지만 막상 집 밖을 나서면 비건 음식을 찾기 어렵다. 간단히 간식을 먹거나 가볍게 한 끼를 때우려 해도 지하철 타고 몇 정거장을 가야 하니, 비건이라는 선택이 오히려 장벽이 되어버리는 셈이다. 또한 보통의 시민이 일상에서 비건 음식을 마주하는 익숙함도 운동의 차원에서 매우 중요할 텐데, 말 그대로 주변에 없는 것이 문제인 상황이다. 그래서 '동네 카페에 놀러 갔을 뿐인데, 비건 음식을 즐길 수 있다면?'이라는 질문에서 출발했다. 가격은 합리적이면서도 쉽게 구할 수 있는 원재료로 카페 디저트와도 잘 어울리는 메뉴를 찾다 보니 두유그릭요거트가 딱 맞았다. 다만 비건 음식이 아직은 낯선 한국 요식업 시장에서 적당한 재료를 구하는 일은 쉽지 않았다. 결국 동료들이 맨땅에 헤딩하듯 밤새 레시피를 연구하고 만드는 방식을 시험하며 완성도를 높여 나갔다. 수개월간의 시행착오와 실험 끝에 짜잔, 세 가지 맛의 두유그릭요거트와 수제 그래놀라가 세상에 나왔다.

'요아정' 같은 유명 프랜차이즈도 있고 동네마다 요거트 가게가 넘쳐난다. 과연 누가 굳이 두유그릭요거트를 찾아줄까? 하지만 예상과 달리, 입소문이 퍼지면서 솔드

아웃되는 날이 점차 반복되었다. 인기 메뉴가 탄생한 것이다. 특히 한국에 오기 전부터 비건이었던 인근의 외국인들까지 일부러 찾아오는 덕분에 미숙한 영어 회화를 반강제로 연마해야 하는 상황까지 생겼다. 처음에는 누구도 확신하지 못했지만 돌이켜 보면 활동가들이 가진 '현장 감각'이 정확했다. 부담 없는 가격에 편안하게 즐길 수 있는 비건 디저트 공간이 없다는 문제는 실제 존재했고, '계절의 목소리'는 비건을 실천하는 사람들에게 반가운 선택지가 되어준 것이다.

    나는 시민운동이란, 궁극적으로 시민의 일상을 변화시키는 활동이라고 생각한다. '두유그릭요거트 보울'이 '계절의 목소리'의 지속 가능성을 보장하는 중요한 수입원이 된 것만큼이나 비건을 실천하는 시민 혹은 비건이라는 개념이 생소한 사람 모두에게 새로운 선택지를 제공했다는 점 역시 무척 의미 있다. 공간이 사람을 모으고, 모인 사람들이 연대를 끈끈하게 만들며, 그 연대를 유지하기 위해 찾은 아이템이 시민이 직접 참여할 수 있는 콘텐츠로 이어진다. 매일 재고가 부족하진 않을까 걱정하는 놀라운 상황 속에서, 좋은 기획 하나가 해낼 수 있는 역할이 이렇게나 무궁무진하다는 사실을 새삼 실감하고 있다.

100회 이상의 공익활동 기록들

물론 모든 프로젝트를 초기 기획과 100% 일치하게 추진하기는 어렵다. 세월호를 기억하는 중요한 행사가 반드시 봄에만 열릴 수도 없고, 장마철 폭우 재난을 알리는 전시를 준비했는데 정작 그해에는 기록적인 폭염이 기승을 부릴 수도 있다. 계절마다 딱 맞는 목소리만 담는 것은 애초에 불가능한 일이다. 그래서 자연스럽게 계절을 고려한 메인 전시와 기획 외에도, 다양한 시민사회의 의제와 행사를 유치하거나 함께 지원하는 활동을 병행하게 됐다.

좌담회, 토론회, 강연회처럼 공간 대관 시 흔히 떠올리는 행사는 물론이고 선거 개표 방송, 커피챗, 발표회, 북토크, 일일 식당, 팝업스토어, 송년회, 소모임 등 다양한 형태의 콘텐츠가 시민사회, 정당, 대학 동아리 등 여러 주체를 통해 기획됐다. 2024년 한 해만 돌아봐도 무려 100회가 넘는 행사가 '계절의 목소리'를 가득 채웠다. 처음에는 이 공간을 활용하는 만큼 필요한 지원을 세심하게 챙겨 주최 측의 부담을 덜어주고자 했다. 그런데 어느새 노동 단체가 안고 있는 고민, 진보 정당이 겪는 어려움, 동물권 운동이 개척하는 새로운 분야, 청년 활동가들이 그리는 비전 등 각 분야의 노력과 문제의식이 '계절의 목소리' 안에 켜켜이 쌓여가고 있음을 느끼게 됐다.

모든 사람이 소신과 가치관, 관심 분야가 분명해서 '주거'면 '주거', '장애'면 '장애'처럼 한 분야로만 활동 방향을 고정하는 것은 아니다. 사회를 더 나은 방향으로 만들고 싶지만 아직 자신에게 맞는 영역을 찾지 못한 사람, 특정 분야가 아니라 시민사회 전반의 인프라와 연결을 기획해 보고 싶은 활동가, 잠시 휴식 중이거나 한 조직에 속하기보다 자유롭게 일하고 싶은 프리랜서 등도 있다. 이런 유형의 활동가들에게 '계절의 목소리'는 더없이 잘 맞는 공간이다. 느슨하게 연결된 시민사회의 100가지 면면을 살펴보고 배울 수 있는 창구 역할을 하기 때문이다.

> **"'계절의 목소리'는 시민사회의
> 새로운 공간에 대한 필요에서 출발했습니다."**

'계절의 목소리' 홈페이지의 대표 문구이다. 이 공간이 탄생하게 된 배경을 압축적으로 보여준다. 얄팍한 정치적 진영논리 속에서, 서울시장과 대통령이 교체되자 시민사회를 위한 공적 공간들은 거센 풍파를 맞았다. 어떤 곳은 문을 닫았고, 어떤 곳은 애초의 취지와는 정반대로 운영됐다. 인프라와 재정을 끊으면 시민사회가 쉽게 위축될 것이라 믿기라도 한 듯 노골적인 공세가 이어졌다. 그러나 시민사회의 저력은 그렇게 쉽게 무너질 수준이 아니었다. 환경은 열악해졌지만 각자의 영역에서 또 다른 방식과 대안을 찾아냈다. '계절의 목소리' 역시 청년 활동가들이 힘을 모아 탄생시킨 그런 대안의 한 사례였다. 그리고 2024년, 보란 듯이 100회가 넘는 연대를 성사시키며 공공 영역에서는 상상하기 힘든 기획들까지 해내, 범접하기 어려운 차별성을 입증하고 있다. 사실 공공과 협업하던 시절에도 시민이 직접 만들어낸 매력적인 콘텐츠를 공공이 뒤늦게 답습하는 경우가 많았으니, 이 성과는 결코 우연이 아니다.

위기는 곧 기회였다. 새로운 공간에 대한 필요로 모였던 청년 활동가들의 시도는 이제 새로운 연대 모델의 개척으로 확장되고 있다. 참신한 기획과 연대의 확장, 그리고 공공으로부터의 독립까지. 2년에 가까운 시간 동안 '계절의 목소리'의 초심은 흐트러지지 않았다. 물론 보조금을 전혀 받지 않겠다는 원칙을 지키면서도 공간을 책임지는 활동가들이 소소하게나마 월급을 받을 수 있는 구조를 만드는 일은 결코 쉽지 않다. 기획 초기에 쏟아졌던 우려처럼 살얼음판 위에 홀로 서 있는 것 같은 자영업자의 하루하루가 이어지고 있다(그러고 보니 시민사회의 일상과 닮아 있기도 하다!). 그럼에도 정말 다행인 것은, 역량 있는 동료들이 머리를 맞대며 작은 돌파구를 하나씩 찾아내고 있다는 점이다. '계절의 목소리'의 취지와 가치에 부합하면서도 재정 구조 안정화에 기여하는 아이템을 개발해냈다.

세월호 10주기 청년단체 공동기획 토론회 (출처: 계절의 목소리)

소개를 마무리하며

책 속 여러 에피소드에서 '계절의 목소리'가 반복적으로 등장하다 보니, 마치 최애 아이돌을 소개하듯 이야기가 길어졌다. 하지만 이 공간은 단순한 카페 이상의 의미를 지닌다. 시민사회 안에서 다양한 기능과 역할을 해내도록 기획된 프로젝트이기에, 사전 이해 없이 뒷이야기를 풀어가기는 어렵다. 게다가 이러한 모델이 시민사회의 다른 누군가에게 영감을 주어 새로운 기획으로 이어지기를 바라는 마음도 크다.

계절의 목소리 공간 구성을 함께하는 청년 활동가들 (출처: 계절의 목소리)

새 계절이 올 때마다 설렘과 걱정이 동시에 찾아온다. 이번 계절에는 어떤 목소리를 꺼내야 할까, 고민이 깊다. 커피가 준비되는 3분 남짓한 시간 동안 전시를 보는 손님들에게 우리의 메시지를 온전히 전할 수 있을지 걱정되고, 공간을 이용하거나 함께 기획하려는 단체가 찾아오면 만족스러운 성과를 낼 수 있을지 긴장도 된다. 그러나 그만큼 순간순간 찾아오는 도파민과 설렘도 크다. 누군가의 말처럼 연대의 고리가 하나씩 더 이어질 때마다 '활동가를 직업으로 선택하길 잘했다'는 마음을 다시 확인한다. 계절마다 차곡차곡 쌓이는 연대의 시간은 오늘도 카페에서 즐겁게 커피를 내리는 원동력이 된다.

아직은 찾아오는 손님도 많고 활동가들도 모여 있으니, '계절의 목소리'의 시간은 쉽게 멈추지 않을 것이다. 신촌 대학가 한복판에서 움트는 이 연대의 새싹이 앞으로도 계속 자라나길, 그리고 설렘을 에너지 삼아 시민사회의 다음 페이지를 써 내려가는 데 작은 힘이나마 보탤 수 있기를 간절히 바란다.

'시민', '시민사회' 그리고 '애드보커시'

앞서 반복적으로 등장했고 앞으로도 계속 쓰일 단어 몇 가지를 미리 설명해 두는 편이 좋을 것 같아 간단한 코너를 마련했다. 전문적인 개념 분석까지 덧붙이면 글이 불필요하게 길어질 수 있으니, 여기서는 핵심적인 맥락만 간략히 짚으려 한다. 보다 세밀하고 깊이 있는 이해를 원한다면 『Vita Activa: 개념사3 – 시민』(신진욱 지음, 책세상)를 참고하면 좋다.

시민

가장 먼저 다룰 단어는 '시민'이다. 책 전반에서 반복적으로 등장하는 단어이지만 누군가에게는 익숙하지 않을 수 있다. 미디어에서는 '대중'이나 '국민'이라는 표현이 흔하게 쓰이는데, 그렇다면 왜 굳이 '시민'을 강조하는 걸까? 단순히 '시민사회'라는 말과 어울리기 때문만은 아니다. '시민'이라는 단어가 지닌 표면적 의미와 함의가 중요하기 때문에 이를 명확히 전달하는 것이 필요하다. 그래서 첫 번째 단어로 '시민'을 소개해 보고자 한다.

지난 계엄 정국 당시, 시민사회가 토요일마다 여의도와 광화문에서 개최했던 메인 집회의 공식 명칭은 '윤석열 퇴진! 사회대개혁! 범시민대행진'이었다. 어떤 활동이든 이름 짓기는 매우 중요한 일이라 명칭을 정하는 과정에서 시민사회 내부에서도 활발한 논의가 오갔다. 특히 '국민'과 '시민' 중 어느 단어를 쓸지를 두고 고민이 컸다. 결국 '국민國民'이 제외된 가장 큰 이유는 이 단어가 '국가'와 '국적'에 의해 그 의미가 제한되거나 가려질 수 있기 때문이었다. 우리 사회에는 다양한 형태로 함께 살아가는 사람들이 있다. 학업이나 업무로 타국에서 넘어와 거주 중인 이들도 있고, 제도적 이유로 존재가 지워지거나 차별받는 사람들도 있다. 또한 팔레스타인과 같이 계엄 광장의 의미를 연장하여 전세계의 시민이 함께 연대해야 하는 초국가적 사안도 있다. 즉 '국민'이라는 말은 통치 단위인 국가에 속한 사람이라는 의미가 강해 수동적으로 해석될 여지가 크며 필연적으로 배제되는 집단이 발생한다.

그렇다고 '시민市民'이라는 표현이 의문에서 완전히 자유로운 것도 아니다. 문자 그대로 해석하면 '서울특별시'나 '의정부시' 같은 행정구역, 혹은 넓게는 '도시'에 거주하는 사람을 가리키게 된다. 그렇게 보면 시골에 사는 사람은 '시민'이 아니게 되니, 국민과 마찬가지로 누군가를 배제하는 결과를 낳는 것처럼 보인다. 그러나 언어는 사회적 합의를 통해 의미가 확장되고 변하는 것이므로, 역사적 맥락을 고려하면 이 단어가 지닌 적절한 의미를 이해할 수 있다. 민주주의 국가는 흔히 알고 있는 프랑스 대혁명 같은 역사적 과정을 거치며 형성됐다. 당시 혁명의 주역은 도시에 살던 계층, 즉 '시민'이었고 그들이 맞섰던 대상은 왕족, 귀족, 성직자였다. 왕정이나 제국주의 체제에서는 '백성'이나 '신민' 같은 용어가 주로 쓰였는데, '시민'은 이러한 단어와 대비되면서도 민주주의 국가의 구성원을 강조하는 효과적인 표현이 되었다.

결국 '시민'은 단순히 도시에 사는 사람을 넘어 민주주의와 공화정 체제를 표상하는 언어가 됐다. 왕정 체제에서의 백성과 달리 민주주의 국가에서 주권은 개개인에게서 나온다. '시민'은 정치적 권리를 지닌 자유로운 주체를 의미하며, 국가의 결함이 클 때는 국가 자체를 새롭게 바꿀 수 있는 존재이기도 하다. 그리고 시민에게 국가나 정부보다 더 중요한 것은 '함께 살아가는 공동체'다.

'시민', '시민사회' 그리고 '애드보커시'

민주적이고 평등한 소통을 바탕으로 더 나은 공동체를 만들고, 필요하다면 잘못된 정치권력을 교체하거나 헌법질서와 같은 사회적 합의마저 변화시킬 수 있는 주체가 바로 '시민'인 것이다.

그 뒤로 자연스럽게 이어지는 개념이 '연대'다. 민주주의는 해가 뜨고 지는 것처럼 저절로 작동하는 법칙이 아니라 인간의 상상과 고민이 빚어낸 사회적 합의일 뿐이다. 역사적으로 윤석열처럼 개인의 욕심을 위해 권력을 남용하고 폭력을 당연시하는 정치권력은 수없이 반복되어 왔다. 총을 든 계엄군이 몰려올 때, 시민 한 명이 "나는 권리가 있다"라고 주장한다고 해서 그 폭력을 막아낼 수는 없다. 잘못된 권력에 맞설 수 있는 힘은 신이 내린 구원자나 선지자가 아니라 민주주의 체제의 근본이 되는 시민들의 연결, 즉 연대를 통해서만 가능하다. 이 힘은 내란 세력에만 맞서지 않는다. 거대 자본이 가하는 경제적 압박이나 사회 구조 속에서 소외되는 이들을 공동체 안으로 다시 불러들이는 힘 역시 시민들의 연결에서 비롯된다. 그래서 '시민-공동체-연대'라는 조합은 국경, 영주권, 주민등록 여부를 넘어 세계 시민과 마주하는 개념으로까지 확장된다.

이런 이유로 '시민'은 윤석열 퇴진 정국에서도 '국민'을 제치고 공식 명칭으로 채택될 수 있었다. '연대', '공동체', '민주주의'를 모두 품을 수 있는 단어로서 현재까지 '시민'을 넘어서는 합의된 표현은 없다. 물론 한국 사회에서는 여전히 '국민'이 더 익숙하고 공식적인 어휘로 쓰이고 있지만, 탄핵 시국을 넘어선 우리의 공동체에게는 이제 '시민'이라는 단어가 점차 1순위로 자리 잡아야 한다.

시민사회

마찬가지로, 문자 그대로 해석하면 의미가 흐려지는 또 다른 단어가 '시민사회'다. 말 그대로 '시민이 모여 있는 사회'라면 얼핏 모든 사회를 통칭하는 것처럼 느껴질 수 있다. 그러나 '시민'을 단지 도시에 사는 사람으로 이해해서는 안 되듯, '시민사회' 역시 단순히 '사람들이 모여 있는 사회'가 아니라 '민주주의의 주체로서의 시민이 함께하는 사회'라는 점에 주목해야 한다.

교과서에서는 정부로 대표되는 '공공 부문'과 기업으로 대표되는 '민간 부문'과 구분해 '시민사회'를 '제3섹터'라 부르기도 하고, NGO·NPO·비영리 등 다양한 용어로 부르기도 한다. 그러나 어떤 이름을 붙이든 핵심은 같다. '시민사회'는 '정부'라는 정치권력 중심의 공적 영역과 '기업'이라는 경제 중심의 민간 영역으로부터 독립을 지키며, 공동체 전반을 위해 자발적으로 모인 시민들의 공간이다. 주권자인 시민에게서 위임받은 권력을 행사하는 정부와 의회가 제 역할을 하도록 제안하고, 견인하고, 견제하고, 때로는 저항하는 일. 그리고 자본주의 사회에서 기업이 시민의 권리를 존중하고 공공의 이익도 실현할 수 있도록 힘의 균형을 맞추는 일. 이 모든 일은 개인이 일상 속에서 혼자 감당하기는 어렵기 때문에 일정한 틀과 조직 속에서 이루어져야 하며, 바로 그 역할을 담당하는 영역이 '시민사회'라고 볼 수 있다.

학술적으로 들어가면 더 복잡해지지만, 여기서는 간단히 살펴보자. 우리가 주변에서 쉽게 접하는 집회, 노동·시민단체 활동은 물론 '국민 청원'이나 '주민자치회', '청년정책네트워크'와 같은 시민 참여기구까지, 이처럼 공동의 이익을 위해 자발적으로 함께하는 모든 행위는 '시민사회'에서 이루어진다. 특히 한국의 '시민사회'는 독재 권력을 무너뜨리고 평화적으로 부패한 정권을 교체했으며, 내란 행위를 조기에 종식시키는 데도 중요한 역할을 했다. 물론 사람이 모인 곳이 언제나 긍정적이기만 할 수는 없다. 일부 시민들이 자신들의 이익만을 위해 모여 다른 시민을 공격하거나 배제하는 일도 발생한다. 1987년 이후로 독재 체제는 역사책에서나 볼 수 있을 줄 알았으나 윤석열이 계엄령을 선포하며 역사가 후퇴할 위기에 처했듯이, 민주주의는 절대 완성된 모습으로 존재할 수 없다. 결국 시민사회가 건강한 모습으로 본연의 역할을 다하려면, 그 안에 모여 있는 시민 개개인의 성숙한 역할이 필수적이다.

애드보커시

마지막으로 소개할 단어는, 아마 생소하게 느낄 사람이 훨씬 더 많을 용어다. 시민들에게 우리의 일을 설명하다 보면 간혹 커다란 난관에 부딪히는데, 그중 하나가 바로 '애드보커시advocacy'를 언급할 때다. 마땅한 한국어 번역어도 없어 참 이해하기 어렵다. 시민단체가 하는 일을 한 줄로 요약하자면 "애드보커시를 한다"라고 표현할 수 있지만, 정작 이 말을 어디서 배운 적도 없다 보니 설명이 쉽지 않다. 실제로 시민사회를 소개하는 주요 교육 과정에서도 '애드보커시'를 다루기 위해 강연 한 회 전체를 할애하는 경우가 많다. 솔직히 누군가 한국어로 짧고 쉬운 정의를 만들어주면 좋겠다는 생각을 자주 한다.

사전을 보면 '애드보커시'는 '옹호' 혹은 '대변'으로 번역되지만, 이 단어만 봐서는 감이 잘 오지 않는다. 그래서 ChatGPT에게도 물어본 적이 있다. 돌아온 대답은

"특정한 사회적 문제나 집단의 권익을 위해 의견을 내고, 변화를 촉구하며, 영향력을 행사하는 활동"이었다. 나쁘진 않지만 여전히 피부에 와닿는 정의는 아니었다. 그래서 구체적인 사례로 풀어보는 편이 나을 것 같다. 전세사기 사건이 전국에서 잇따라 터졌을 때, 당시 국토부 장관이었던 원희룡은 "국가가 개인 간의 사기 사건을 세금으로 지원할 수 없다"라는 발언을 했다. 겉으로만 보면 그럴듯해 보인다. 하지만 전세 계약이 성사되기까지는 정부와 금융권의 협업을 통해 정책 자금이 대출 상품으로 제공되고, 합리적인 심사 절차도 거치게 된다. 여기에 정부 기관의 보증, 국가가 공인한 중개사와 감정평가사의 확인이 더해진다. 심지어 국가의 주거 정책 로드맵에는 전세를 통해 '주거 사다리'를 타고 '내 집 마련'으로 나아가라는 권고까지 명시되어 있다. 시민들은 그 가이드라인을 따랐을 뿐인데 결과적으로 평생 모은 목돈을 잃거나 거액의 빚을 떠안게 된다면, 이에 대한 책임 역시 국가가 져야 하는 것이 마땅하지 않을까? 이처럼 먼저 공익적 의미와 필요성을 모으고 정리한 뒤, '전세사기 특별법'과 같은 구체적 해결책을 제안해야 한다. 그리고 한정된 자원을 이 문제 해결에 투입할 수 있도록 시민들의 폭넓은 지지를 확보해야 한다. 문제의 정의, 대안의 제시, 사회적 공감대 형성까지. 이 전 과정을 한마디로 묶어 부르는 단어가 바로 '애드보커시'인 것이다.

    각자의 일상이 너무 바쁘다 보니, 윤석열 계엄령 사건처럼 굵직한 특종이 아니면 세상에서 무엇이 문제인지 다 파악하기 쉽지 않다. 심지어 어떤 사안은 이미 상처가 곪아가고 있음에도 아직 문제로조차 인식되지 않은 경우도 많다. 정치는 세상 모든 의제를 다루지만, 다수결 원리에 따라 결국 다수의 관심사에 더 집중할 수밖에 없다. 그렇기에 일상 속에서 특정 문제를 찾아내고 이를 드러내며, 시민들의 공감을 이끌어내는 역할은 시민사회가 맡아야 한다. 시민사회에는 의제별 전문 조직들이 있고, 이들은 끊임없이 현장에서 시민이 겪는 경험을 분석하며 국가 시스템에서 어떤 구조를 바꿔야 하는지 고민한다. 그렇게 시민들이 연대하여 시민사회를 이루고, 시민사회는 다시 애드보커시를 하면서 시민의 권리를 지키고 확산한다. 시민, 시민사회, 애드보커시는 이렇게 선순환 구조 속에서 서로 연결되어 있다.

    짧게 설명하다 보니 일부는 간략히 넘어갔지만, 앞으로의 이야기 속에서 자연스럽게 드러날 테니 지금 당장 완벽히 이해하지 않아도 괜찮다. 지금은 본격적으로 색을 입히기 전, 전체 밑그림을 그려본 셈이다. 이제부터는 본격적으로 시민사회 활동가의 일상 속으로 들어가 보자.

2부
활동가의 하루

그리 어렵지만은 않은 활동가의 하루 브이로그

*등장하는 단체와 인물은 모두 허구이다.

2025년 5월 14일 월요일,
주거권 활동가 A씨

- 오전 10시: 주간 회의

매주 월요일 아침은 집행부 전원이 모여 한 주간의 업무를 공유하고 논의하는 주간 회의로 시작한다. 오늘은 새로 합류한 신입 활동가까지 네 명이 모인 '완전체' 회의다. 지난주 활동 현황과 이번 주 계획을 나누고 서너 개의 안건을 의논하는 데 보통 1시간 반 정도 소요된다. 그러나 오늘은 신입 활동가에게 세세하게 설명해 주다 보니 회의가 길어졌다. 정오가 넘어가자 배가 고파져 남은 안건들은 속전속결로 결론이 났다. 집행부가 모두 모인 날에는 점심도 함께 먹는다. 우리 단체는 도시락을 싸 오는 문화가 있어 각자가 준비한 도시락을 꺼낸다. 다만 활동가 L은 도시락 싸는 걸 귀찮아해, 늘 사무실 옆 H 도시락 가게에서 테이크아웃을 해 온다. 점심을 맛있게 먹고 동네를 잠시 산책하며, 오전 일정은 이렇게 마무리.

- 오후 1시: 연대체 회의

6월 3일은 '무주택자의 날'이다. 올해는 공교롭게도 윤석열 탄핵 심판과 맞물려 21대 대통령선거와 같은 날이 됐다. 오늘 외부 회의는 다양한 주거권 단체들이 모여 이번 '무주택자의 날'과 대선 대응을 어떻게 기획할지 논의하는 자리다. '삼보일배'를 선호하는 H 활동가가 먼저 아이디어를 꺼낸다. 여러 의견이 오간 끝에, 전세사기 문제를 다시 한번 집중 조명하는 변화가 온라인 캠페인에 무게를 두기로 했다. 특히 숏폼 콘텐츠를 제작해 각 단체의 유튜브와 인스타그램에 업로드하자는 제안이 채택됐다. 연대체에서는 결정된 일을 누가 맡을지가 가장 중요한데, 이럴 수가! 숏폼 콘텐츠 출연자로 내가 결정되었다……

- 오후 3시: 숏폼 콘텐츠 촬영

회의를 마치자마자 기획안을 간단히 정리하고 바로 촬영에 들어갔다. 숏폼 콘텐츠라 길게 대본을 쓸 필요도 없고, 편집과 제작은 다른 활동가가 맡아주니 나는 휴대폰으로 촬영만 하면 된다. 그럼에도 불구하고 NG가 몇 차례 나왔다. 부끄러움을 꾹 눌러가며 어찌저찌 촬영을 마무리했다. 1분짜리 영상이라 내일이면 완성되어 업로드될 예정이라고 한다. 아, 생각만 해도 얼굴이 화끈거린다. 하지만 다음 일정이 있으니 잡생각은 접고 버스정류장으로 향한다.

- 오후 5시: 상담

외부에 나온 김에 회의 장소에서 멀지 않은 K구에 잡힌 상담을 하러 간다. 며칠 전 서울시가 추진했던 '역세권 안심주택'에서 전세사기와 유사한 피해가 발생했다는 연락을 받았다. 공공에서 추진하는 주택조차 이럴 줄은 몰랐지만, 당황스러운 마음을 정돈하고 어서 피해자 세 명과 만나 향후 대응 계획을 논의해야 한다. 피해자를 만나는 일은 언제나 쉽지 않다. 사안의 무게감에 마음이 아픈 데다 세상이 변하는 속도가 아주 느린 것 같아 답답하기까지 하다. 하지만 마음을 다잡고 상담에 집중한다. 결국 작은 도움이 차곡차곡 모여 큰 변화를 만들어 나갈 테니까.

- 오후 7시: 환영 파티

무거운 상담을 마친 뒤 헛헛한 마음으로 퇴근길에 오르던 중, 집행부 단톡방에 불이 났다. 새로 합류한 활동가의 번개 환영 모임이 잡힌 것이다. 그냥 집에 들어가면 하루가 아쉬울 뻔했는데, 바로 길을 틀었다. 사실 시민단체 활동가로서 가장 좋은 점 중 하나는 퇴근 후 마음 맞는 동료가 곧 친구가 된다는 점이 아닐까. 맥주 세 잔을 가볍게(?) 기울이며 일 얘기에서 드라마 얘기까지, 수다가 이어진다. 즐거운 기분으로 집에 가는 길, 카톡으로 오후에 찍은 숏폼 가편집본이 날아왔다. 맥주 세 잔에도 끄떡없던 얼굴이 발갛게 달아오른다.

2025년 5월 23일 수요일,
C 단체 팀장급 활동가 B씨

- 오전 11시: 기자회견

전날 야근을 한 덕에 오늘은 11시 기자회견 일정에 맞춰 출근했다. 우리 단체는 월급을 받는 활동가만 50명이 넘는, 시민사회에서도 손꼽히는 규모다 보니 거의 모든 의제를 다루며 분야별 시민단체들의 연대체에도 적극적으로 참여한다. 이번 기자회견은 대통령 후보 L씨가 토론회에서 도저히 용납할 수 없는 발언을 한 데 대한 공동 대응이었다. 우리 조직이 간사 단체로 속한 연대 네트워크에서 함께 목소리를 내기로 한 것이다. 다행히 팀의 뛰어난 동료가 준비를 완벽히 마쳐 오늘은 사회만 잘 보면 된다. 활동 10년 차가 되어도 기자회견 때마다 마음이 조마조마하다. 준비에 부족함은 없을까? 기자들이 많이 올까? 아니, 많이는 고사하고 오기는 올까? 다행히 취재 협조가 잘 이루어져 성황리에 마무리됐다. 연석회의 참여 단체들의 발언도 인상 깊었다. 기자회견 후에는 점심시간이 되어, 함께한 이들과 식당에 들러 소회를 나누며 식사를 했다.

– 오후 1시: 기획 실무

오전에 기자회견이 있었더라도 오후에 쉴 수는 없다. 오늘 저녁에는 우리 팀의 메인 사업인 시민 교육 프로그램이 예정돼 있다. 참여자 중 노쇼는 없는지, 강연이 무리 없이 진행될 수 있는지 꼼꼼히 확인해야 한다. 시민단체 교육은 참여형 프로그램이 많아 준비물과 콘텐츠도 다양하다. 모든 준비를 마친 뒤에는 교육 알림 문자를 참여자들에게 발송하며 오후 업무를 끝낸다.

– 오후 3시: 팀장급 회의

조직 규모가 크니 회의도 많다. 특히 팀장이 되고부턴 회의가 두 배로 늘어난 것 같다. 각 팀이 제각각 움직이지 않고 유기적으로 협력하려면 원활한 소통이 중요하다. 팀장은 단체의 주요 방향에 대한 책임 있는 의견도 내야 한다. 대선 국면인 지금, 회의 분위기는 더 뜨겁다. 탄핵 광장에서 시민들이 함께 만든 '사회대개혁 과제'에 대해 유력 정당 후보가 일부만 수용하겠다고 밝히자, 이를 그대로 협약할지 아니면 시민들의 기대에 못 미치는 정치를 비판할지 격론이 벌어졌다. 초임 팀장이라 오랜 경력의 선배들 사이에서 발언하는 게 조심스럽다. 하지만 조직의 중지를 모으는 자리니 한 팀의 장으로서 의견 내는 걸 주저해선 안 된다.

회의 끝을 앞두고 다소 어수선한 분위기, 아까 격렬했던 분위기에 휩쓸려 말을 날카롭게 한 것은 아닐까 괜시리 염려가 된다. 그때 옆의 선배가 슬쩍 한마디한다.

"B님, 이번에 기획한 교육 프로그램 너무 흥미로워 보이던데요?"

등을 서로 맞대는 건 결국 함께 의지하며 나아가기 위한 것임을 되새긴다.

- 오후 5시: 뉴스레터 발송

활동의 성과를 내부에서만 알고 있어선 안 된다. 후원회원들에게 최대한 읽기 쉬우면서도 풍성한 내용으로 전달해야 한다. 이번 달 뉴스레터 발송 담당이 바로 나다. 오늘이 마감일이라 오전부터 마음이 급했다. 정해진 템플릿은 지키되, 이번 호만의 '킥'을 무엇으로 할지 고민을 거듭했다. 최근 반응이 좋았던 청년 목소리 기획물을 메인으로 정하고, 세부 내용을 다듬었다. 마지막으로 오탈자가 없는지 여러 번 확인한 뒤 발송 버튼을 누른다.

- 오후 7시: 회원 교육 모임

오늘 교육에는 개인적으로도 관심이 컸던 강사를 초청했다. 물론 전체 강연 기획에도 완벽히 부합하는 분이다. 역시나 정시에는 신청자 중 절반 정도만 도착해 있다. 부리나케 전화를 걸어 참여자들이 오고 있는지 확인한다. 다들 바쁜 일상 속에 10% 정도의 노쇼는 어쩔 수 없다. 그래도 10분 지연이면 준수한 편이다. 강연은 무사히 시작됐고, 내용도 기대 이상이었다. 2시간이 순식간에 지나고 설문조사까지 마무리하니 하루가 끝난 듯하다. 아, 그러나 마지막 과제가 남았다. 아직 우리 조직의 회원이 아닌 수강생을 적극적으로 설득하는 일이다. 가장 효과적인 방법은 역시 뒤풀이에 함께 가는 것. 오늘 하루도 맥주 한 잔과 함께 끝난다.

2025년 6월 14일 토요일, 지역 사회적기업 활동가 D씨

- 오전 10시: 부스 준비

계엄 정국을 넘긴 뒤 맞는 첫 '서울퀴어축제'라서, 조직위원회가 부스 신청 팀 전원을 받기로 결정했다. 우리 회사는 시민사회라기보다는 지역에서 작은 점포를 운영하며 자활과 고립 청년을 지원하는 기업이어서 선정이 될까 조마조마했는데, 이제는 광장에서 물품을 나르고 전시를 설치하고 있다. 가장 큰 적은 더위다. 부스 안은 바람이 통하지 않아 체감 온도가 몇 배는 더 오르는 듯하다. 그래도 늦지 않게 부스 준비를 마쳤다. 퀴퍼의 인기가 해마다 오르는지 오전부터 방문객으로 부스가 빽빽하다.

- 낮 12시: 부스 운영

사람들이 끊임없이 부스를 오간다. 우리가 준비한 이벤트 물품은 수백 명 정도만 참여해도 동이 날 텐데, 이 정도로 흥할 줄은 몰랐다. 여의도, 남태령, 한남동, 광화문 광장을 물들였던 형형색색 응원봉처럼 오늘은 무지개 깃발과 페이스페인팅이 광장을 채운다. '남태령 대첩'을 이끈 농민회에서 싱싱한 오이를 나눠주는데, 타이밍을 놓쳐 못 받은 게 아쉽다. 우리 부스 기획도 나름 신선하다고 생각했지만, 남의 떡이 더 커 보인다고, 더 멋져 보이는 부스가 곳곳에 있다. 올해의 시행착오를 내년엔 꼭 보완하리라 마음먹는다. 광장은 더위가 아닌 사람들의 관심과 열정으로 한껏 달아올랐다. 어딘가에서 퍼레이드 반대 집회가 열린 것 같다. 스피커 소리가 간간이 들려오는 걸 보니. 아침부터 부지런히 움직여서인지 살짝 피곤하다. 반대 집회 스피커의 성난 목소리도 가만히 들으면 규칙적인 ASMR 같다. 아주 잠깐 눈을 붙여본다.

- 오후 4시: 퍼레이드 참여

부스 운영도 끝났겠다, 축제의 하이라이트인 퍼레이드 대열에 합류했다. 처음 참여했을 때만큼 신기하진 않지만, 여전히 기분이 들뜬다. 5분에 한 명씩 아는 활동가가 지나간다. 온 동네 활동가가 여기 다 모였나 보다. 오늘은 퍼레이드만큼이나 기다린 시간이 있다. 메인 무대에서 열릴 'Q사탕' 댄스팀 공연. 행진 도중 슬쩍 빠져나와 무대 맨 앞을 꿰찬다. 이 순간만큼은 나도 활동가가 아니라 찐팬!

그리 어렵지만은 않은 활동가의 하루 브이로그

- 오후 8시: 화상 회의

여름날의 하루를 완전히 불태웠는데, 안타깝게도 오늘 일정은 여기서 끝이 아니다. 회사 업무는 아니지만 사이드 프로젝트로 지방정부의 청년 참여 거버넌스 활동을 하고 있는데, 청년들이 다들 바쁘다 보니 주말 저녁에 회의가 잡혔다. 이번 주제는 성북에 새로 들어설 '성북 청년센터'의 주요 사업 기획. 여가 시간을 내서 자발적으로 지역사회의 변화를 위해 참여하는 사람들이 많다는 점이 놀랍고, 청년 문제를 함께 고민하는 자리가 마련된 것이 반갑다. 거버넌스 파트너인 지방정부가 부디 이견 없이 프로젝트를 함께 추진해 주길 바라며 회의를 마친다. 그래도 온라인 회의는 끝나자마자 바로 쉴 수 있어서 기분이 좋다. 주말 근무에 오후 아홉 시가 훌쩍 넘은 시각이지만 왠지 이득을 본 느낌적인 느낌이다.

2025년 8월 29일 금요일,
중간지원조직[1] 활동가 E씨

- 오후 1시: 행정 처리

중간지원조직에서 일하다 보면, 현장보다는 사무실에서 페이퍼 작업을 할 때가 많다. 서류의 문구 하나가 누군가에겐 한 해의 성패를 가를 수도 있기에, 신중함과 정확함이 필수다. 일정을 예측하고 조율할 수 있어 업무 강도는 현장 활동가보다 낮지만 들이는 공력은 만만치 않다. 오늘은 저녁에 모 법인과 함께하는 운영위원회가 있어, 오전에는 집에서 쉬고 오후부터 출근했다. 빽빽한 서류의 압박을 견디고 이슈를 하나하나 점검한 뒤 서울시와의 점검 회의에 들어간다.

- 오후 3시: 서울시 미팅

사업의 상당 부분이 서울시 보조금으로 운영되다 보니 공무원과의 만남은 일상이다. 끝없는 창과 방패의 대결. 물론 우리가 방패 쪽이다. 이번에도 윗선에서 누가 한마디했나 보다. 담당 주무관이 지난번 미팅과는 반대의 이야기를 하기에 꼼꼼하게 자료를 제시하니, 본인도 민망한지 돌아가서 다시 얘기해 보겠다고 한다. 오늘의 방어는 꽤나 성공적이다. 어쩌면 창끝이 뭉툭했을지도? 회계와 행정 처리만으로도 바쁜데 정치권 변수까지 더해지면 한숨이 깊어진다. 그래도 다행히 큰 변화 없이 결론이 났다. 하반기엔 선거도 없는 만큼, 지난 탄핵 정국 때

---

1 중간지원조직이란 시민사회의 자생력 강화와 공익 활동의 지속 가능성을 높이기 위해 만들어졌으며, 정부와 시민사회 사이에서 주민 참여를 촉진하고 교육, 컨설팅, 네트워킹, 자원 연계 등 다양한 지원을 전문적으로 수행하는 허브 단체를 말한다. '서울시 공익활동지원센터'가 대표적이다.

시작된 운동을 제대로 지원할 수 있는 사업을 선보일 예정이라 기대가 넘친다.

- 오후 5시: 홍보물 제작

구슬이 서 말이라도 꿰어야 보배고, 아무리 좋은 사업이라도 그 존재를 아는 시민이 없다면 무의미하다. 홍보 기획은 행정만큼이나 중요한 업무다. 홍보에 도가 튼 현장 활동가들이 꼼꼼히 보는 만큼 카피 한 줄에도 힘을 쏟는다. 다행히 우리 조직은 디자인 템플릿을 제공하는 유료 플랫폼을 쓰고 있어 처음부터 고생하며 만들 필요는 없다. 분위기에 맞는 디자인을 골라 카피를 수정하고, 빠르게 결재를 받은 뒤 각종 시민사회 채널에 게시를 요청한다. 경쟁률이 높아 누군가를 떨어뜨려야 하는 상황은 항상 부담스럽지만, 이번엔 3:1은 넘겼으면 하는 바람이 있다.

- 오후 7시: 운영위원회

중간지원조직이든 현장 조직이든, 사무국이 독단적으로 사업을 결정할 수는 없다. 각 조직에는 의사결정을 담당하는 기구가 있고, 우리에겐 운영위원회가 그 역할을 한다. 운영위원 대부분은 우리가 지원하는 분야에서 오랫동안 활동해 온 베테랑들이다. 바쁜 일정 탓에 얼굴을 거의 안 비추는 사람도 있지만, 보수 없이 누구보다 열심히 일손을 보태고 의견을 내는 위원도 있다. 회의 전엔 보고서가 너무 많아 귀찮은 마음이 앞서지만 막상 회의가 시작되면 응원도 받고 협업 기회가 넓어져 힘이 나는 것 같다. 좋은 사람들은 늘 여러 조직에서 탐내기 마련이니, 다른 조직보다 우리 쪽에 더 힘을 실어주길 바라며 사무국에서도 활동의 중요성을 계속 어필해 봐야겠다.

아직도 시민운동하는 사람들이 있다고요?

한마디로 답하면, 세간의 예상보다 '의외'로, 그리고 '정말' 많다!

2024년까지만 해도 자주 들었던 질문이지만, 계엄령 이후에는 '아직도'라는 말이 붙는 빈도가 확연히 줄었다. 다만 탄핵 집회 때 봤던 그 사람들은 평소에 어디에 있을까 궁금해하는 이들이 있다. 그런 까닭에 탄핵 시국 이전에 들었던 그 질문을 되짚어 보았다.

그런데 '시민운동'이란 뭘까? 먼저 '시민운동'과 비슷한 단어들을 찾아보자. 괜히 국어학자라도 된 듯 '시민운동'이란 단어의 뜻을 명확히 하기 위해서는 아니다. 다만 사람들이 저마다 머릿속에 떠올리는 각종 표현들이 사실상 시민운동과 같은 의미인 경우가 많기 때문이다. '스마트폰'과 '휴대전화'가 다른 기기가 아니듯, '시민사회 활동'이나 '시민 참여'처럼 활동 이해도가 높은 사람들이 쓰는 표현부터 '자원활동(봉사)', '공익활동', '좋은 일(?)' 같은 단어들도 충분히 시민운동 범주에 들어간다. (물론 '불우이웃 돕기'냐고 묻는 사람도 있었는데, 누군가를 불필요하게 타자화하는 표현은 쓰지 않도록 바로잡는 편이다.)

이렇게 단어의 폭만 조금 넓혀도, 시민사회의 고관여층이 아니더라도 이미 시민운동과 접점이 있는 사람이 무척 많다는 걸 알 수 있다. 여의도 탄핵 집회에만 200만 명이 모였으니 2024년 12월만 하더라도 전국 수백만 시민이 다양한 시민운동에 참여했던 것이다. 퀴어페스티벌 날이면 도심의 대로 수십 미터가 부스와 사람으로 가득 찬다. 주최자든 참여자든 즐겁게 연대하는 이들은 당연히 시민운동을 하고 있는 셈이다. 물론 이렇게만 설명하면 일회성 행사만 떠올리기 쉽다. 그러나 이는 편견을 걷어내기 위해 든 예시일 뿐, 시민운동이 단발성 활동에만 그치는 것은 아니다. 사회 참여를 원하는 사람들에게는 훨씬 다채로운 층위의 활동이 준비되어 있다. 이제부터 그 다양한 시민운동의 모습을 차근차근 살펴보려 한다.

청년들이 서울시에 직접 정책을 제안하고 행정 및 의회와 함께 논의하는 참여기구인 '서울청년정책네트워크'(이하 청정넷) 활동을 했을 때다. 우연히도 특정 시기에 사회복지사 직업을 가진 청년 시민 위원들이 유독 많았다. 아마도 이전에 참여했던 사회복지사 출신 위원들의 만족도가 높았고 업계 내 입소문이 잘 퍼진 덕분이었을 것이다. 사회복지사의 직무를 시민사회 활동 범주에 넣을 수 있는지에 대해서는 사회적으로 논쟁이 있지만, 청정넷에 발을 들이는 순간부터 이들은 분명 시민운동의 동료였다. 특히 사회복지사로서의 현장 경험이 더해져, 서울 청년이 실패하더라도 보호받을 수 있는 정책적 사회 안전망을 조금씩 설계할 수 있었다.

정책을 함께 고민하고 활동을 이어가면서 위원들 사이의 교류는 분과를 넘어 깊어졌다. 그러던 중 취약 노동자의 권리를 보호하던 노무사 출신 위원과 인연이 닿았다. 그와 함께 정책을 만들어 반영했던 경험 덕택에 청정넷 이후에도 다른 시민사회 활동을 이어가고 싶다는 열망이 커졌다. 그렇게 시작된 것이 바로 '직장갑질119 온라인 노조 사회복지지부' 활동이다. 사회복지사라는 직군 역시 다른 업계처럼 여러 부조리에서 자유롭지 않았다. 돌봄·지원·서비스 등 직무 특성상 '헌신'이라는 이미지에 가려져 노동자로서의 권리가 제대로 보장받지 못하는 경우가 많았기 때문이다. 업계 구조는 비슷했지만, 현장이 전국적으로 흩어져 있어 서로 연결되기 어려웠던 사회복지사들이 '온라인 노조'라는 형태로 모이게 되었다. 이들은 일하는 지역도, 직업도, 직무도 제각각이지만 시민사회의 틀 안에서 사회복지사와 시설 종사자 모두가 사회적으로 존중받을 수 있도록 고민하고, 나아가 복지국가로 가는 길을 함께 모색하고 실천한다. 비록 시민단체로부터 급여를 받는 사람은 없지만, 이들 모두가 시민운동을 하고 있다고 말할 수 있다.

굳이 유형을 나눠 보자면 전임·상근 활동가, 프리랜서 활동가, 사이드 프로젝트 활동가 등으로 구분할 수 있다. 그러나 이 구분이 칼로 무 자르듯 명확한 것은 아니며, 여러 정체성이 교차하는 경우가 대부분이다.

예를 들어, 공론장을 전문적으로 운영하는 사회적 기업에 다니는 한 활동가는 페미니즘에 깊은 관심이 있어 퇴근 후 많은 시간을 '남성과 함께하는 페미니즘'이라는 단체 활동에 쏟는다. 또 다른 활동가는 전국 청년 단체들과의 연대를 꿈꾸며 주간에는 주거복지센터에서 주거 취약계층의 권리 보호를 위해 상담·지원 업무를 하고, 저녁에는 '전국청년정책네트워크' 활동을 이어간다. 이처럼 월급을 받는 전임 활동가가 아예 없더라도, 주요 활동가들이 각자의 시간을 조금씩 보태 왕성하게 움직이는 단체들도 많다. '계절의 목소리' 역시 여러 시민사회의 디자인 업무를 맡는 프리랜서 활동가가 파트타임으로 카페 공간을 담당하고 있다.

아주 본격적인 활동이 아니더라도 시민사회를 자발적으로 '찾아오는' 반가운 시민들도 적지 않다. '민달팽이유니온', '청년유니온'처럼 회원 수가 수백 명 이상인 청년 단체 활동에 참여하다 보면, 다양한 배경의 사람들이 시간과 마음을 내어 활동을 빛내는 모습을 자주 본다. 노동·주거 등 일상의 문제의식을 실천으로 옮기기 위해 누가 시키지 않아도 인터넷이나 지인을 통해 스스로 정보를 찾아 참여하는 것이다. 이러한 시민들은 자원이 부족한 전임 활동가들의 업무를 분담하고, 현장의 목소리를 생생히 전하며 정책 개발 과정에 큰 힘을 보탠다.

다시 처음의 질문으로 돌아가 보자. 시민운동을 하는 사람들? 아직도, 여전히, 언제나 많다.

삶의 현장에서 마주하는 일상의 문제들은 곧 시민사회의 의제가 되고, 이를 고민하고 실천하는 수많은 시민들이 지금 이 순간에도 사회 곳곳에서 움직이고 있다. 행정과 정책을 함께 논의하는 참여기구, 업계 구조를 바꾸는 온라인 연대, 퇴근 후 시간을 나누는 자발적 프로젝트까지, 시민운동은 다양한 모습으로 존재하며 서로 다른 리듬으로 이어진다. 누군가는 자신의 전문성과 관심을 바탕으로 정책을 제안하고, 또 누군가는 시민사회가 꾸린 커뮤니티에 참여하며 새로운 연대 방식을 만들어낸다. 분야와 방식은 제각각이지만, 사회를 조금이라도 더 나은 방향으로 만들고자 하는 마음만큼은 같다. 시민운동은 특별한 순간에만 나타나는 일이 아니다. 지금 이곳,

우리가 살아가는 일상 속에서 자연스럽게 이어지고 있다. 그리고 여러분이 어떤 경로로든 시민운동에 발을 들이고 싶다면, 이곳에서 '결코 외롭지 않다'는 사실만은 꼭 기억하길 바란다.

아직도 시민운동하는 사람들이 있다고요?

시민 '있는' 시민사회

4월, 6월, 10월, 12월

'계절의 목소리' 활동가들이 가장 긴장하는 시기가 있다. 눈치챈 분들도 있겠지만, 바로 학교 시험 기간이다. 대학가에 자리한 카페답게 이때는 웨이팅은 기본이고, 자리가 없어 돌아가는 손님만 수십 명에 이를 정도로 북적인다. 평소에는 카페 일을 하다 손님이 뜸해지면 각자 본업을 처리하지만, 시험 기간만큼은 종일 커피를 내리고 설거지를 하다 하루를 훌쩍 보낸다. 문득 '공익활동을 하러 왔는데 종일 서빙만 하고 있는 건 아닐까?'라는 생각이 스치기도 한다. 그럴 때면 위장 수사로 치킨 장사를 하다 대박나버린 내용의 영화 〈극한직업〉의 형사들이 떠오른다. 물론 대학가의 또 다른 특성상 방학이 되면 매출이 절반으로 줄기 때문에 이 시기에 번 돈으로 부자가 되기는 어렵다.

실제로 대관이나 행사가 아닌 순수 방문객의 90% 이상이 대학생이다. 다행히 이는 처음 의도한 목표와 일치하는 수치다. 시민사회가 밀집한 은평구 불광동이나 소셜섹터가 모인 성동구 성수동도 있었지만, 우리는 장사를 하기에 한물 지났다고 평가받는 신촌을 선택했다. 이유는 단순했다. 우리가 함께할 시민이 누구이고 그들이 어디에 있을지를 고민한 결과였다. 신촌의 주 소비층은 압도적으로 20대, 특히 일상적으로 카페를 찾는 대학생이었다. 그렇다면 이 공간에서 누구와 소통하고 누구의 목소리를 꺼낼 것인지 목표는 분명했다.

여기서 20대에만 초점을 맞춰보자. 라떼 세대의 회고에 따르면(직접 경험한 적은 없지만) 한때는 학생운동이 활발했던 시절이 있었다고 한다. 당시 대학생이라면 참여 여부와 관계없이, 활동가들이 누구이며 사회를 바꾸기 위해 어떤 목소리를 내는지 자연스럽게 알 수 있었다. 대학은 사회의 축소판이었고 시민운동 역시 별도의 설명이나 홍보 없이 체감할 수 있었던 것이다. 뉴스 속에서 자주 보던 익숙한 사람들이 직업적으로도 무언가를 하고 있었을 것이다. 더불어 취업을 고민하던 시기에 노동운동이든 시민운동이든 끈끈한 연대가 가능했던 선배들을 따라 직업 활동가의 길로 들어서는 과정도 자연스러웠다.

오늘날의 상황은 조금 다르다. 대학 진학이 필수가 아닌 시대가 되면서, 사회의 관심도 예전만큼 대학생에게 쏠리지 않는다. 더 나은 세상을 만들고자 하는 20대들도 대학 안에서만으로는 자신의 이상을 충분히 실현하기 어려워졌다. 사회 참여의 방식이 다양해진 점은 긍정적이지만, 적은 자원으로 시민과 만나야 하는 시민사회 입장에서는 예전처럼 선택과 집중을 하기 힘들어지며 업무 난이도가 급격히 높아진 셈이다. 유튜브, 틱톡, AI 등 미디어와 기술의 변화는 이러한 흐름을 더욱 가속화했다. 심지어 코로나 시기를 거치며 대학 문화 자체가 바뀌고, 시민사회와의 연결고리마저 느슨해졌다. 정보가 범람하는 시대에 오히려 시민사회가 무엇인지 알릴 수 있는 채널은 줄어든 것이다. 신자유주의 구조가 굳어지고 개인화가 당연시된 시대를 살아온 20대에게 시민사회의 어젠다를 바이럴viral 방식으로 전하기란 쉽지 않다. 거대한 어젠다, 이를테면 탄핵 정국에는 소통이 무척 원활했다. 하지만 계엄령과 같은 비극이 다시 일어나서는 안 되지 않겠는가. 결국 어젠다의 중대성에만 의존할 수는 없는 것이다.

이런 현실 속에서 전세사기 피해 구제 방안, 디지털 성폭력 방지를 위한 제도, 기후 위기에 대응하는 생활 실천 등 시민사회가 기획하고 추진하는 중요한 과제들이

2부 활동가의 하루

시민에게 닿지 못하고 있다. 의미 있는 정보가 제대로 전달되기만 해도 많은 사람의 삶이 나아질 수 있지만, 현실은 그렇지 못하다.

문제는 단순히 좋은 정보를 알리지 못하는 데 그치지 않는다. 돈도 권력도 많지 않은 시민사회가 사회를 바꾸는 힘은 시민들이 모여 있다는 사실에서 나온다. 아무리 많은 시민이 변화를 원하더라도 각자 생계가 있는 만큼 매일 정치에 참여할 수 없기에, 시민사회라는 '중간자'의 역할이 중요하다. 정치권이 권력과 자본이 아니라 시민사회의 목소리를 받아들일 수밖에 없는 이유도 여기에 있다. 권력 견제, 현장 의견 반영, 정책 개발 등 시민이 기대하는 변화의 상당 부분을 시민사회가 이끌고 있기 때문이다. 반대로, 소수의 직업 활동가가 밤낮없이 기획하고 캠페인을 벌여도 이를 응원하고 지지하는 시민이 없다면 공염불처럼 허무한 구호가 되어버린다. 즉 시민사회는 시민과 정치권 사이 '중간자'의 역할을 하지만 그 뿌리가 되는 시민과 떨어지면 생명력을 잃고 마는 것이다. 시민들이 시민사회의 이야기를 전혀 모른다면 그 순간 상징적인 힘마저 추락할 수 있다. 오늘만 사회를 바꾸고 은퇴할 생각이 아니라면, 새롭게 사회로 진출하는 세대와 충분히 소통하며 현재와 미래를 두텁게 준비하는 것이 필수 과제가 되었다.

시민 '있는' 시민사회

입지를 최대한 활용하자

신촌은 30년 전 학생이었던 이들의 향수를 불러일으킨 드라마 〈응답하라 1994〉의 배경이자 대학가의 상징이었던 곳이다. 물론 지금은 상황이 달라졌다. 청소년과 청년 세대가 즐겨 찾는 핵심 번화가는 홍대나 성수 등으로 이동했고, 신촌은 다소 '철 지난' 지역이라는 인식이 생겼다. 하지만 바로 그 위축이 기회가 됐다. 상권이 예전만 못해졌을 뿐 여전히 가장 많은 20대가 거주하고 생활하는 지역이라는 사실은 변하지 않았다. 홍대만큼 비싼 임대료를 감당하지 않아도 되고, 인스타그램 셀럽이 찾는 '핫플'이 아니더라도 시민사회의 자원으로 운영할 수 있으면서 20대가 일상적으로 드나들 수 있는 카페로는 최적의 위치였다.

실제로 개장을 하고 보니 한 가지가 더 분명해졌다. 흔히 사회문제에 관심이 많은 집단을 민주화 운동 세대로만 생각하지만, 그 못지않게 사회적 가치를 삶의 중요한 기준으로 삼는 20대가 많다는 사실이었다. 개장 1년 뒤 윤석열 퇴진 국면의 광장에서 이들의 존재감은 확실히 드러났고, 더 이상 증명하려 애쓸 필요도 없었다. 가치 소비를 중시하는 20대 시민들은 프랜차이즈 카페보다 다소 부족하더라도 '계절의 목소리'를 찾아왔다. 쓰레기를 줄이려는 노력에 자발적으로 동참하고, 다소 무겁게 보이는 전시도 집중해서 관람했다. 캠페인과 기획이 열리면 바쁜 와중에도 작은 힘을 보태주었다. 세월호와 이태원 참사로 떠나보낸 생명 대부분이 자신들의 또래였기에, 이들은 우리 사회가 나아져야 한다는 절박함을 품고 있었다. 그동안은 어디서 어떻게 참여해야 할지 몰랐지만, 동네에 작은 공간 하나가 생기자 참여의 가능성을 응원하며 이곳을 채워주었다.

동창회에서 친구들과 이야기를 나누다 보면, 시민사회가 무엇인지조차 잘 모르는 경우가 많다. 각자도생의 삶이 바쁘기도 하고 시민사회의 이야기가 스며들 틈이 없을 만큼 세상이 복잡해진 탓도 크다. 그렇기에 시민사회의 이야기가 일상에 자연스럽게 들어갈 수 있는 시도가 필수적이다. 편하게 접할 수 있는 공간은 세대, 지역, 직업별로 다를 수밖에 없다. '계절의 목소리'가 20대 시민과 함께 변화를 만들어가고자 한 이상, 다른 어디보다 신촌이 첫 선택이 될 수밖에 없었다.

'동네'를 시민사회의 현장으로

요즘 사람들에게 '동네'라고 생각할 만한 곳이 과연

얼마나 있을까? 안정적인 주거와 오랜 시간의 체류, 그리고 신뢰할 수 있는 사람들과의 관계가 함께해야 비로소 '나의 동네'가 완성된다. 그러나 OECD 평균의 세 배에 가까운 시간을 대중교통에서 보내고 야근이 일상이 된 한국 사회에서 공간이든 사람이든 동네에 정을 붙일 여유는 찾아보기 어렵다. 마음에 드는 장소를 찾아 주말을 즐겁게 보내더라도 이내 내가 이사를 가거나 가게가 문을 닫아버리는 경우가 다반사다.

나 역시 신촌에서 20대를 보냈지만, 일터가 멀어지고 임대료가 비싸지면서 자주 가던 카페와 식당이 사라지자 이곳에 머물 이유가 없어졌다. 그렇게 다른 지역으로 이사했지만, 그곳이 나의 '동네'라는 기분은 들지 않는다. 20대의 동네는 과거의 추억이 되어버렸고, 30대의 나에게는 동네가 존재하지 않는다. 정주할 수 있는 곳, 편안하게 즐길 수 있는 곳이 없다는 결핍은 일상을 회색빛으로 물들이곤 했다. 어쩌면 신촌을 거점으로 선택한 이유 중 일부는 내심 지난 시절의 동네를 다시 찾고, 누군가의 동네를 지키고 싶어서였을지도 모른다.

다행히 '계절의 목소리'는 주민들이 편안하게 드나드는 동네 공간이 되었다. 이곳을 진심으로 아끼는 단골 주민들이 생겨났고, 그 존재가 예상치 못한 시너지를 만들었다. 동네는 곧 일상이다. 일상 속 카페가 시민사회로 진입하는 창구가 되고, 전시와 캠페인이 열릴 때마다 주민들의 관심은 다양한 의제와의 접점으로 확장된다. 덕분에 공간의 지속 가능성이 높아지고 시민사회의 이야기도 자연스럽게 퍼져나갔다. 단골들이 각종 플랫폼과 블로그에 자발적으로 소개하며 '계절의 목소리'를 알려주셨고 이는 수익성까지 확보하는 '일거양득'의 효과로 이어졌다.

헌법재판소의 윤석열 파면 선고를 동네 주민과 함께 보는 장면

시민사회의 본질은 곧 시민이다

시민사회의 존재 이유는 너무도 당연히 '시민'에서 출발한다. 시민사회 활동가가 하는 일을 한마디로 묻는다면, 주저 없이 "시민을 만나 이야기를 나누고, 그 목소리를 세상에 외치는 일"이라고 답할 수 있다. 그리고, 바로 그 시민들은 각자의 일상 속에서 살아간다. 시민사회가 일하는 공간이 곧 시민의 일상이 될 수는 없기에, 오늘도 수많은 활동가가 본질을 잃지 않기 위해 시민의 일상 속으로 파고들고 있다. 어떤 활동가는 일상을 지키는 정책을 개발하고, 또 어떤 활동가는 위협받는 시민과 손을 맞잡고 싸우며, 누군가는 SNS를 열심히 연마해 온라인이라는 또 하나의 시민의 공간에서 접점을 만든다. '계절의 목소리' 역시 '동네'로 들어가, 시민들이 일상에서 자연스럽게 기댈 공간을 제공하고자 했다. 시민사회라는 말이 누군가에게는 어렵게 들릴 수 있지만, 이러한 오만가지 현장과 작당들이 곧 시민사회이자 시민의 일상을 지키는 일인 것이다.

다만 2010년대를 돌아보면 아쉬움도 있다. 시민사회 출신 서울시장이 당선되는 등 정치 세력의 변화로 공공의 지원이 늘고 중간지원조직이 설립되며, 다양한 콘셉트의 시민사회 공간이 등장했다. 지역 주민과 청년을 만날 기회도 지금보다 훨씬 많았다. 그럼에도 성과를 채우기 위해 억지로 행사를 유치해 사람을 동원하는 모습이 종종 보였고, 공공과 협업하는 공간이 무미건조하게 운영된 사례도 적지 않았다. 사회에 의미 있는 이야기를 환류하자는 애초의 취지를 되돌아보기 위해 그 시기를 면밀히 점검하고 분석해야 한다. 예산을 받기 위해 요식적으로 기획을 남발했던 사례가 있다면 그 한계를 정확히 평가하고 과감히 쇄신할 필요가 있다.

정치권력이 다시 바뀌었으니 시민사회와 공공이 적극 협업하는 시대가 돌아올 수도 있다. 그렇기에 시민들이 동네에서든 도시에서든 편히 찾을 수 있는 시민사회 공간은 어떤 모습이어야 하는지, 그 공간을 통해 어떤 목소리를 전할지 미리 고민하고 준비해야 한다. 결국 시민사회의 본질은 시민의 참여에 있으니, 공간이든 캠페인이든 행사든 시민에서부터 출발하는 방법을 찾아야 한다. 성공적이든 그렇지 못하든, '계절의 목소리' 같은 시도는 시민사회가 운영하는 '동네의 편안한 공간'으로서 참고할 선례가 될 것이다. 당연한 말이지만 시민사회는 매력적인 해답을 계속 찾아낼 것이다. 이미 동네와 일상을 소중히 여기는 활동가들이 그 길을 함께 걷고 있으니까.

'너 요즘 뭐 해?'라는 질문이 싫은 사람들

'계절의 목소리'는 평소엔 수다를 떨거나 공부하는 사람들로 가득하다. 그런데 가끔 다인석 테이블에서 진지하게 토론하는 이질적인 분위기의 사람들이 눈에 띈다. 십중팔구 이들은 '활동가'다. 직업으로서의 활동가는 전체 직군 중 1%도 되지 않는 극소수 집단이어서, 주변에서 찾기란 숨은그림찾기만큼 어렵다. 하지만 '계절의 목소리'에서는 어렵지 않게 만날 수 있다.

활동가들에게는 몇 가지 공통점이 있는데, 그중 하나가 가장 듣기 싫어하는 질문이 있다는 것이다. 아마 부동의 1위는 "너 요즘 뭐 해?"일 것이다. 시민사회와 관계없는 사람을 만나는 곳이라면 가족, 친척, 친구, 이웃 등 누구에게서든 들을 수 있는 공기처럼 흔한 질문이다.

물론 근황을 묻는 건 일상적인 일이지만, 이 질문이 굳이 싫기까지 한 이유는 자신을 설명하기가 너무 어렵기 때문이다. 명절 연휴 때 '취직은 언제 할 건지, 결혼은 언제 할 건지, 아이는 언제 낳을 건지' 같은 질문이 소름 돋게 싫은 이유와 같다. 질문자가 수긍할 만한 '적절한' 답을 할 가능성은 거의 0에 수렴한다. 물론 애초에 상대방을 당황시킬 수밖에 없는 질문을 기어코 던지는 질문자에게도 문제가 있긴 하다. 사실, "너 요즘 뭐 해?"라는 말이 무례하다고 할 수는 없다. 1년에 한두 번 만나는 사이에서 자연스럽게 오갈 수 있는 궁금증일 뿐이니. 다만 안타깝게도 이 질문에 척척 대답할 수 있는 활동가들이 많지 않을 따름이다.

가령 요즘 가장 많이 하는 일이 아메리카노를 만드는 일이라고 답해보자. 틀린 말은 아니지만 이건 애초에 답이 될 수 없다. 질문자가 궁금해하는 바를 전혀 해소하지 못하고, 활동가의 직무를 설명하는 내용도 아니다. 그렇다면 아메리카노를 빼고 다시 생각해 보자. 그제는 보도자료를 작성했고, 어제는 회원 교류 사업을 진행했으며, 오늘은 모금을 받고 왔고, 내일은 캠페인 기획을 할 예정이다. 정책, 기획, 사무, 회계, 모금, 홍보, 조직 등 활동가의 업무를 직무별로 구분할 수 있기는 하다. 하지만 단체의 규모와 상관없이 직무의 경계가 흐려지고 직무와 무관하게 다양한 일을 맡게 되는 것이 현실이다. 결국 친구의 질문에 솔직히 요즘 하는 일을 나열하면 어떤 반응이

나올지는 뻔하다.

"아……!"

대답을 들은 지인 중 열에 한 명도 무슨 일을 하는지 정확히 이해하지 못했을 것이다. 보통의 기업에서 상상 가능한 범위를 훌쩍 넘어서는 데다 직무의 종류도 너무 잡다하다. 대충 '일이 많다.' 정도만 이해하면, 곧바로 다음 질문이 이어진다. "월급은 받고 하지?" 연봉으로 말하자면, 중소기업 수준이거나 그보다 낮은 금액이다. 그러면 지인들은 더욱 이해할 수 없다는 표정을 짓는다. 박봉에 야근은 기본이고, 직무도 고정되지 않은 일을 대체 왜 하느냐는 궁금증과 걱정이 뒤섞인다. 세계관이 비슷하지 않은 이상 직업을 설명하는 정보만으로는 무난하게 근황을 전하기가 거의 불가능하다. 이런 번거로움을 매번 감당해야 하니, "너 요즘 뭐 해?"라는 질문이 지겹고도 짜증스럽게 느껴질 수밖에 없다.

그래서 개인적으로 가장 간편한 대처법을 찾았다. 바로 "좋은 일 한다"는 말로 퉁치는 것이다. 시민사회를 처음부터 끝까지 설명하기란 어렵지만, 영리 영역에서도 '좋은 일'은 종종 접할 수 있다. 예를 들어 국제 아동 구호를 목적으로 하는 UNICEF나 그 상위기구인 UN을 떠올리는 친구들이 있다. 이 기구에서 정확히 어떤 업무를 하는지는 몰라도 '전 세계 사람이나 아동을 위해 좋은 일을 한다.' 정도의 막연한 이해는 있다. 대충 그렇다고 긍정하면 대부분은 "아, 그런 거구나." 하고 넘어간다. 나 자신에게는 조금 민망하지만, 누구한테 피해를 주는 것도 아니고 선한 영향력을 넓히는 일이라고 하니 반대할 이유도 없다. 게다가 대다수는 어차피 '다른 세계의 이야기'로 받아들이며, 응원의 한 마디를 건네고 자연스럽게 대화 주제가 바뀐다.

하지만 '좋은 일'이라는 표현은 어디까지나 귀찮음을 덜기 위한 편의적 선택일 뿐, 결코 우수한 설명법이 될 수 없다. 한국의 시민사회를 UN에 빗대어 표현한다고 해서 그 본질이 제대로 전달될 리 없다. 지금도 시민사회에 대한 이해가 낮은 상황에서 이렇게 뭉개는 방식은 시민과 시민사회가 가까워지기는커녕 오히려 왜곡된 선입견을 강화할 가능성이 크다. 발상을 전환할 필요가 있다. 의미 있는 의제와 활동이 있다면 작은 자리라도 마다하지 않고 적극적으로 설명해야 한다. 그래서 근황을 묻는 자리는 자연스럽게 PR의 기회가 주어지는 순간이기도 하다. 게다가 우리의 활동은 약간만 다듬으면 매력적으로 소개할 수 있는 콘텐츠가 차고 넘친다. 예를 들어 기후 운동을 한다면 이렇게 말할 수 있다. "플라스틱 때문에 지구의 바다가 심각하게 오염되고 있어. 나는 그 플라스틱 쓰레기를 줄이기 위해 할 수 있는 모든 일을 해."

물론 기후 운동이 플라스틱 줄이기에만 국한되지는 않지만, 이런 방식은 듣는 사람에게 '좋은 일'이라는 추상적 이미지를 넘어 구체적이고 상상 가능한 장면을 제공한다. 활동의 과정과 성과를 흥미롭게 풀어내면 처음 듣는 사람도 직업의 가치를 새롭게 바라볼 수 있다. 대화가 그렇게 이어지다 보면 상대방이 사회 참여에 관심을 가지게 될지 또 누가 아는가.

물론, 앞선 예시가 완벽한 설명법이라고는 생각하지 않는다. 나 역시도 어찌할지 몰라 "좋은 일 한다"고 퉁친 적이 훨씬 많다. 사실 활동가들이 자기 직업을 소개하는 데 익숙하지 못한 건 능력이 부족해서가 아니다. 그보다는 시민사회가 전통적으로 '조직'에 주목해 온 특성에서 비롯된 경향이 크다. 예를 들어, 청년 주거권 단체 '민달팽이유니온'의 활동가가 여러 주거권 활동가들과 함께 주택임대차보호법을 개정해 세입자의 계속 거주권을 보장했다고 해보자. 이런 성과는 대개 정치인의 업적으로 돌아가거나 일부 조직의 성취로만 설명된다. '조직' 중심의 스토리텔링에 집중하다 보니, 단체 PR은 기가 막히게 잘해도 정작 '나'라는 활동가의 역할과 직무를 설명하는 데에는 서툰 것이다. 기업에서는 특정 상품의 매출이 올랐을 때 KPI 달성 항목을 근거 삼아 개인의 성과로 연결시키기 쉽다. 하지만 시민사회에서 "이 거대한 제도 개선을 내가 해냈다"라고 주장하기는 논리적으로 완벽하지도, 문화적으로 잘 받아들여지지도 않는다. 게다가 PR 실력은 시도와 경험을 통해서만 늘 수 있는데 시민사회 활동가는 자신의 직무를 어필할 기회를 자주 얻지 못한다. 그러니 '나'의 직업을 소개하는 역량이 쉽게 길러지지 않는 것이다.

근본적으로는 시민사회의 인지도를 높이는 것이 가장 중요하다. 시민들이 시민사회의 활동 소식을 자주 접하고 여러 단체를 후원하며 관련 소식을 받아본다면 활동가들이 매번 자신의 일을 일일이 설명할 필요가 없다. 그러나 당장 인지도가 극적으로 높아질 수는 없으니 직업으로서의 '활동가'를 어떻게 소개할지 우리 스스로 방법을 찾아야 한다. '아르바이트를 하다 임금을 받지 못했을 때, 법정까지는 가지 못하더라도 노동자의 편이 되어 함께 싸워주는 사람', '이사를 앞두고 집주인이 보증금을 돌려주지 않을 때, 상담을 하고 함께 권리를 외쳐줄 수 있는 사람.' 이런 이들이 바로 활동가다. 아직 활동가가 되길 고민하는 취업 준비생이든, 이미 활동가로 살아가는 사람이든, 명예롭고 자랑스럽게 이 직업을 설명할 수 있는 소재는 무궁무진하다. 해보면 누구나 잘할 수 있다고 믿는다.

2025년부터 시행되는 제8차 한국표준직업분류 개정

에서는 '시민사회 활동가'가 소분류 단위로 격상되며, 한국 사회에서도 당당히 하나의 직업으로 인정받게 되었다. 그러나 무엇보다 중요한 것은 시민들이 이 직업을 올바르게 이해하는 것이다. 이를 위해 활동가들은 지인의 반응을 보며 설명이 잘 전달되는지 피드백을 받고, 동료 활동가들과 레퍼런스를 꾸준히 공유하며 표현을 다듬고 개발해 나간다. 그러다 보면 언젠가는 '좋은 일 하는 사람'이라는 모호한 설명을 넘어 활동가들의 멋진 일터와 구체적인 역할이 당당하게 소개되는 날이 오지 않을까.

"제가 활동가인지는 모르겠어요."

활동가로 살다 보면 동료들에게서 자주 듣는 말이다. 특히 경력이 짧은 활동가일수록 비슷한 고민을 안고 있다. 겉으로는 열악한 노동 조건이나 낮은 만족감 때문이라고 생각하기 쉽지만, 이야기를 들어보면 단순히 일터의 경제적 여건만의 문제는 아니다. 스스로를 활동가라 부르기에는 '사명감'이나 '확신'이 부족하다고 느끼거나, 아직 활동가라 불릴 만한 사람이 되지 못했다고 생각해 주저하는 경우가 많다. 급여나 복지를 넘어 정체성의 문제인 셈이다.

"활동가를 활동가라고 부르지 못하면 어쩌나?" 하는 의문이 들 수도 있다. 하지만 시민사회는 과거에도 '운동'이라는 단어를 두고 비슷한 경험을 한 적이 있다. 민중운동, 학생운동, 시민운동, 운동가 등 한때 중요한 정체성이었던 말들이 점차 노동운동 등 일부 영역으로 한

정되면서, 대중을 상대하는 직업인으로서 '운동권'이라는 낙인을 피하려는 이유도 커졌다. 그래서 '운동'은 부담스럽고, 대신 '활동'을 한다고 표현하는 경우가 늘었다. 그런데 오늘날에는 심지어 '활동가'라는 표현마저 쓰기 어려워하는 시대가 된 것이다.

물론 '운동'이든 '활동'이든 명칭은 시대의 흐름과 호응에 따라 바뀔 수 있다. '공정'이라는 단어만 봐도 불과 10년 전과는 전혀 다른 의미로 쓰이게 되었고, 위상마저 크게 추락했다. '활동가'라는 말의 무게나 쓰임새가 변하는 것도 어쩌면 자연스러운 일이다. 하지만 당사자들이 왜 이 단어를 쓰길 망설이는지, 그 이유를 분석하는 일만큼은 소홀히 해서는 안 된다. 사회적 가치를 만든다는 본질은 여전한데, 그걸 지칭하는 언어는 변화를 요구받고 있다. 이를 단순히 언어의 변화라고 보기 힘든 이유는, '활동가'라는 명칭과 시민사회 전반의 사회적 위상이 과거와 크게 달라졌기 때문이다.

'활동가'라는 단어가 긍정적으로만 혹은 부정적으로만 변했다고 보기는 어렵다. 오히려 눈여겨봐야 할 점은 시민사회의 전반적인 규모와 영역이 크게 확장되었다는 사실이다. 2022년 기준 비영리민간단체·공익법인·(사회적)협동조합·사회적기업·마을기업·자활기업을 모두 합하면 8만 7천여 개에 달한다. 단체 수가 단순히 늘어난 것을 넘어, 사회적경제·주민자치·중간지원조직 등 새로운 분야와 주체가 성장하며 활동의 지형이 넓어졌다. 지원조직에서 일하는 사람이 현장에서 시위를 기획하는 활동가를 보고 '직업적으로 같다'고 느끼기 어려운 이유도 여기에 있다. 게다가 이제는 영리 영역과 맞닿아 활동을 벌이는 경우도 많아져, 스스로 '활동가'라고 부르기를 조금은 쑥스러워하는 이들도 있다. 이렇게 다원화된 시민사회에서 하나의 단어로 모든 정체성을 규정하기는 점점 더 힘들어졌다.

그럼에도 아쉬운 점이 있다. 일하는 사람과 영역이 늘어난 것에 비해 '활동가'라는 직업명이 매력적으로 어필되는 경우는 여전히 드물다는 것이다. 다양한 스펙트럼의 사람들이 자신의 정체성을 설명할 때 굳이 '활동가'를 선택하지 않는 이유다. 특히 경력이 짧은 활동가들에게는 이 단어가 주는 무게감이 커서 오히려 거리를 두게 만든다. 불확실한 미래에도 사명감을 품고 평생을 헌신해 온 선배 활동가들의 모습은 존경스럽지만 그와 같은 위치에 서는 것은 버거운 일이다. 계속 '직업'이라는 단어를 강조하긴 했지만, 현장에서는 '노동자' 이전에 '활동가'로서의 정체성이 더 확고한 편이다. 중압감이 큰 '활동가'라는 단어를 받아들이기보다 별개의 세계로 구분하는 것이 심적으로는 편하기 마련이다. 그러다 보니 자신

"제가 활동가인지는 모르겠어요."

을 '언제든 이직할 수 있는 월급 받는 직장인' 정도로 포지셔닝하며 심리적 거리를 두는 경우도 자연스레 많아지고 있다.

1970~80년대에는 사회운동가가 되기 위해 치열한 사상 논쟁을 거쳐야 했다고 한다. 그래서인지 그 시절의 활동가들은 저마다 뚜렷한 이데올로기를 품고 있었고, 이는 일관된 활동을 가능하게 하는 장점이 되었다. 그러나 안타깝게도 그때의 논쟁 결과가 오늘날 다원화된 시민사회에서는 더 이상 넓은 공감을 얻지 못한다. 새로운 사상적 갱신은 뚜렷하게 이루어지지 못했고 애초에 지금 이 '사상'을 바탕으로 직업을 선택할 수 있는 시대인지조차 불분명하다. 중심이 될 만한 철학이 부재한 상황에서 서로 다른 정체성을 지닌 사람들이 한 직장에서 함께 일하다 보니, 목소리가 작으면 고립감이나 이질감을 느끼는 건 당연하다. 특히 저임금, 고강도 노동이 여전한 직업 생태계에서는 다양한 경로로 진입한 활동가들이 마주해야 하는 업무와 사회적 요구가 커다란 장벽처럼 다가온다. 소셜벤처, 비영리 스타트업 등 영리 영역의 언어를 차용해 멋지게 포장하는 사례가 늘면서, '활동가'라는 직업 정체성을 '굳이' 지켜야 할 이유는 더더욱 사라지고 있다.

그러나 이름을 버린다고 본질이 달라지는 것은 아니

다. 기획자, 오퍼레이터, 빌더 등 그럴듯한 한국어와 영어 명칭을 가져다 써도 결국 포장일 뿐, 이 직업을 온전히 설명해 주지 못한다. 이렇게 모호해진 직업 정체성은 더 희미해지고, 일터의 구심력마저 약해질 뿐이다. 오히려 '활동가'라는 이름이 무겁게 느껴진다면, 그 무게를 피하거나 포장하는 대신 그 의미를 새롭게 정의하는 편이 낫지 않을까. 활동가는 노동자이자 시민이며, 사회적 가치를 실현하기 위한 하나의 직업군으로 자리매김할 수 있다. 특별한 헌신이 아니더라도 일상의 일부를 시민 참여에 기꺼이 쓰고자 한다면 누구든 이 역할을 맡을 수 있다. 그렇게 한 발짝씩 나아가다 보면, 어느새 직업 활동가의 길에 서 있는 자신을 발견하게 될지도 모른다.

활동가로 살면 뜻이 맞고 사회적 고민을 함께 나눌 수 있는 '동지'를 만날 가능성이 훨씬 높다. 민주주의에 대한 고민이 성숙해지고 있는 오늘의 대한민국에서, 시민 참여를 가장 직접적으로 경험하고 배울 수 있는 직업이 바로 활동가다. 풀타임으로 일하기 어려운 사람도 파트타임이나 사이드 프로젝트처럼 부담을 덜고 참여할 수 있는 길이 열려 있다. '활동가'라는 의미의 경계를 넓혀 직업으로서든 일상의 참여로서든 시민사회만의 매력을 관심 있는 시민들에게 적극적으로 알릴 필요가 있다. 특히 모두가 행복하고 존중받는 사회를 지향하는 시민사회

"제가 활동가인지는 모르겠어요."

라면, 지나치게 무거운 '헌신'과 '소명의식'의 짐은 조금 내려놓는 것도 방법이다.

    윤석열 퇴진 정국 이후, 한국 사회는 시대적 과제를 해결해야 하는 골든타임에 들어섰다. 불평등, 기후 위기, 혐오 등 하루가 다르게 심화되는 문제들을 앞장서서 풀어낼 주체가 바로 활동가다. 신자유주의 구조에 기반한 영리 부문이나 양당제의 한계에 갇힌 정치 영역에만 기대기에는, 시민사회와 활동가의 역할은 여전히 그리고 더욱 절실하다. 그동안 규모 확장에는 어느 정도 성공한 시민사회가 이제부터 풀어야 할 과제 중 하나는, 활동가를 꿈꾸지만 망설이는 이들에게 얼핏 모호해 보이는 활동가의 경계가 오히려 수월한 참여로 이어질 수 있음을, 그러므로 "남다른 소명의식이나 헌신이 아니더라도 의미 있는 변화를 만들어낼 수 있다"라는 확신을 심어주는 일이다.

부록 1

특정 정당과 결탁된 세력 아닌가요?

시민사회 활동을 하고 있을 뿐인데, '결국' 정치할 거냐는 질문을 종종 받는다. 바꾸고자 하는 의제를 위한 최선의 수단이 정치뿐이라면 할 수도 있겠지만, 은퇴 전까지 반드시 정치라는 직업을 해보고 싶다는 욕망은 없다. 다만 활동가를 시민사회 자체로 보지 않고 '정치의 전 단계'쯤으로 인식하는 시선이 아쉬울 뿐이다. 시민사회가 낯선 이들에게는 직업정치와 비슷하게 보일 수 있으니, 대개는 악의 없는 궁금증일 것이다. 그러나 '결국'이라는 단어가 따라붙을 이유는 없다.

어느 나라나 마찬가지겠지만, 한국에서 정치 이야기는 늘 조심스럽다. 여기서 말하는 정치는 정당이나 직업정치의 영역을 뜻한다. 일상이 곧 정치라는 말은 공허하게 들리기 쉽다. 계엄령 이후에는 정치 이야기를 비교적 자유롭게 나눌 수 있었지만, 여전히 '1찍', '2찍', '4찍'이 어떻냐느니 하는 정치 주제는 모두에게 예민한 이야기다. 그래서 기업이든, 시민단체든, 개인이든 정치와의 연관성을 피하려 한다. 그러면서도 광장에는 여전히 수많은 시민이 모이고, 일상 대화에서도 정치가 단골 소재라는 점은 참 모순적이기도 하다.

시민사회 역시 정치와 거리를 두려 하지만, 동시에 긴밀히 맞닿아 있기도 하다. 이는 두 영역이 사회 변화를 위해 제도 개선이나 시민의 목소리 대변 등 유사한 과제를 안고 있기 때문이다. 시민사회 활동가가 정치인이 되거나 보좌관으로 일하기도 하고, 반대의 경우도 흔하다. 정치가 모든 의제를 다루며 주민 민원까지 챙겨야 하는 반면 시민사회는 특정 분야에서 전문성을 쌓는다. 이로써 두 영역은 협력을 통해 정책과 제도 개선을 이뤄내기도 한다.

문제는 시민의 시선에서 두 영역이 크게 달라 보이지 않는다는 점이다. 명확히 설명하지 못한 시민사회의 책임도 있다. 그러나 시민사회가 정치와 겹치는 지점이 많아도 독자적 영역이 더 넓다는 것은 분명한 사실이다. 정치가 다양한 이해관계를 조정한다면, 시민사회는 불평등하게 주어진 마이크를 바로잡는다. 시민사회는 선출 권력을 가지지 않으며, 현장에서 만난 시민의 목소리를 사회에 전달하는 역할에 집중한다. 따라서 정치와 시민사회는 협업하되 각자의 고유한 영역을 유지하는 분업을 원활하게 이루는 게 무엇보다 중요하다. 문제는, 이 경계가 무너질 때 시민사회가 더 큰 피해를 본다는 점이다.

반대로 경계를 강하게 그으려다 발생하는 부작용도 크다. 시민사회가 '정치적'이라는 이유만으로 쉽게 신뢰를 잃은 경험이 많다 보니, 활동가들도 정치 사안에 대해 말을 아끼고 정당과의 관계를 되도록 피하려 한다. 이는 '정치와 거리를 둬야 순수하다'는 사회적 통념을 반영한 결과이다. 하지만 정치가 삶의 핵심 구조이고, 시민사회가 그 구조에 개입해 변화를 만들어야 할 때도 있다. 정치와의 무리한 거리두기로 인해 실질적 제도나 삶의 개선을 이뤄내지 못한다면, 시민사회의 존재 이유도 위협받을 수 있기 때문이다. 따라서 탈정치화를 순수성으로 오해하는 프레임은 오히려 시민사회의 힘을 약화시킨다. 경계를 무너뜨리기도 거리를 멀찍이 두기도 어려운, 이러기도 저러기도 난감한 관계임은 분명하다.

또한 지난 10여 년간 시민사회는 정치에 잠식되기도 했다. 시민사회 출신인 故 박원순 시장, 촛불 집회를 통해 당선된 문재인 전 대통령 집권 시기에 시민사회는 정부와 밀착하며 자원을 확보하려 했다.

외부에서 요구하는 데 그치지 않고, 시민사회는 여러 전략 중 하나로 정부나 서울시의 요직에 직접 들어가 행정을 움직일 권한을 얻거나 정부와 협업하며 풍부한 자원으로 의제를 풀어내려고 시도했다. 의도나 시작 자체는 적절했다고 본다. 실제로 2016년 박근혜 탄핵 촛불을 주도했던 시민사회는 새로운 세상을 기대하는 시민들의 요구를 새로운 정부가 반영하도록 만들기 위해 조직적으로 개입하고 고군분투했다. 그러나 처음 시도하다 보니 시행착오가 있었고, 양당제를 비롯한 낙후된 정치 환경은 시민들의 바람을 충분히 수용하지 못했다. 결국 정치의 내부로 들어가 직접 변화를 꾀했던 시민사회의 핵심 인사들은 만족스러운 성과를 내기 어려웠다. 불평등은 여전했고, 혐오와 갈라치기는 심화되었으며, 차별금지법이나 개헌 같은 굵직한 과제는 달성하지 못한 채 바로 다음 대통령 선거에서 심판을 받았다. 문제는 이 과정에서 10여 년 가까운 시간 동안 시민사회가 정치와 깊숙이 연결될 수밖에 없었고, 정치에 대한 시민들의 불편한 감정이 고스란히 시민사회에도 전이되었다는 점이다. 언론 지형 역시 시민사회에 불리하게 작동했다. 억울한 측면도 있었지만, 진영 논리에 갇혀 '내로남불'로 비쳤던 모습도 있었고 이해관계에 얽혀 비판이 필요할 때조차 목소리를 내지 못한 경우도 있었다. 결과적으로 문재인 정부 말기 여론조사에서 시민단체 신뢰도가 절반 이상 낮게 나온 것도, 시민사회가 정치와 맺었던 관계와 전략의 후폭풍이라고 볼 수 있다.

따라서 두 영역이 협력과 공조, 견제와 독립 사이에서 어떤 위치에 자리 잡을지 해법을 찾아 나가는 것이 앞으로의 과제라고 할 수 있다. '독립'과 '견제'는 시민사회가 정치와 관계 맺을 때 반드시 지켜야 할 핵심 철학이라 할 수 있다. 동시에 완전히 분리되었다고 주장하거나 기계적인 중립만을 고수하는 태도 역시 현실을 외면하는 태도다. 민주주의 자체가 광의의 '정치' 위에 서 있기 때문이다. 정치의 한계를 비판하고 보완할 수 있는 고유한 역량이 시민사회에만 주어져 있기도 하다. 시민들이 시민사회를 향해 매서운 눈초리를 보내는 이유는, 시민사회가 단순히 '정치적'이어서가 아니라 독립성의 원칙이 흐려지고 특정 정파의 논리를 그대로 따른 듯 보였기 때문이다. 반대로 최근 계엄 정국처럼 시민사회가 진영 논리에 휘둘리지 않고 독립성을 유지하면서도 정치적으로 의미 있는 광장을 마련했을 때는, 시민들 역시 적극적인 지지와 연대로 화답해 주었다.

사실 시민사회는 확장을 위해 커피 사업처럼 전혀 다른 분야에도 도전한다. 그렇다면 정치라는 직접적 수단을 직업적으로든 파트너로든 배제할 이유는 없지 않을까? 중요한 것은 어떤 수단을 택하느냐보다 그 결정을 내리는 이유와 순서다. 애드보커시 차원에서 사회적으로 의미 있는 의제와 개선해야 할 제도가 분명하다면, 4년이든 8년이든 여의도에서 입법 활동을 하거나 소멸 위기에 놓인 지역에서 행정가로 임기를 보낸다고 해서 비난할 일은 아니다. 시민사회는 본래 영리든 행정이든 정치든 누구에게나 열려 있는 조직이다. 보좌관이 되든 선출직 정치인이 되든, 시민사회에서 출발했다가 돌아올 수도 있는 자유로운 직업의 경로인 셈이다. 다만 독립성과 견제의 역할만 지켜낼 수 있다면, 정치로 넘어가거나 다시 돌아오는 것도 얼마든지 환영할 수 있다.

문제는 이런 이동 과정에서 시민사회를 마치 인생 게임의 '1단계 퀘스트'처럼 여기는 태도가 종종 나타난다는 점이다. 이럴 경우 독립성과 견제의 원칙이 무너지고 시민들의 불신이 커질 수밖에 없다. 활동가 시절은 단지 커리어를 쌓는 과정이고, 결국 사회 변화는 직업 정치로만 가능하다고 여기는 발상도 자주 들린다. 그런 사람들이 지난 시기에도 정치로 넘어가 문제를 일으킨 주역들이기도 했다. 이런 이유로 시민사회는 지나치게 정치와 거리를 두거나 반대로 독립성을 의심받는 양극단을 오가게 된다. 활동가라면 정치 진출을 꿈꿀 수 있다. 하지만 당장 일상의 문제를 겪고 있는 시민과 함께하며 신뢰를 모으는 일을 우선해야 하고, 꼭 해결하고 싶은 목표를 분명히 한 뒤 연대를 튼튼히 구축한 상태에서 수단을 선택해도 늦지 않다. 수십 년 뒤의 세상이 어떻게 바뀔지 알 수 없는데, 시민들의 소중한 후원금이 예비 정치인의 교육비처럼 쓰이는 것은 낭비로 비칠 수밖에 없다.

내란 사태 이후, 시국 대응을 위해 26개 청년 단체가 모여 '윤석열 물어가는 범청년행동'(현재 '불평등 물어가는 범청년행동'으로 개칭)이라는 청년 시민사회 최대의 연대체를 꾸렸다. 그 주요 활동 중 하나로 '광장 밖 청년 100인 인터뷰' 프로젝트를 통해 전국 각지 청년들의 목소리를 직접 담았다. 청년 시민들은 인터뷰를 통해 내란 세력을 극복하는 과정을 지켜보며 우리 사회에 대한 신뢰가 높아졌다고 응답했다. 긍정적으로 평가할 수 있는 지점이다. 언론은 시민의 탈정치화를 연일 보도하지만 한국 사회의 시민들은 여전히 숨 가쁜 일상 속에서도 정치와 사회에 대한 기대와 관심을 놓지 않고 있다는 것을 확인할 수 있었으니까. 다만 거대 양당제가 낳는 소모적이고 편협한 정치 생태계에 무력감과 실망감을 크게 느낄 뿐이다. 이런 시기에 시민사회가 독자적 존재감을 더 많이 보이지 못한 것이 못내 아쉽다. 정치와 시민사회의 경계가 흐려져 시민들에게 혼선이 남아 있을지도 모른다. 하지만 시민사회가 탄핵 국면을 극복하는 핵심 주체로 각인된 것은 분명하기에, 앞으로 반등할 기회가 분명히 남아 있다. 고대부터 철학자들이 강조한 '중용'은 지키기 어렵기에 더욱 가치 있는 덕목이다. 정치와의 협력 관계 속에서도 독립성을 분명히 하는 일은 그만큼 어렵다. 그렇기에 시민사회가 서로를 돌아보고 함께 머리를 맞대며 더 나은 관계의 방식을 찾아가는 노력을 멈추지 않아야 한다.

109

3부
활동가의 일

변화가 발생하기까지의 A to Z

문제 발굴 > 활동 기획 > 공론화·세력화 > 정책·제도화 > 집행 모니터링

    세상에 저절로 변하는 일은 없다. 특정 사건이나 보도가 온 국민의 분노를 일으키며 사회가 급격히 변한 것처럼 보이지만, 그 바람을 일으키기 전 보이지 않는 곳에서 묵묵히 부채질을 해온 사람들이 있었다. 바로 활동가들이다. 언론은 대개 법을 발의한 정치인, 최종 서명한 대통령 혹은 정책의 직접 당사자를 주목하지만, 오랜 시간 밑작업을 이어온 활동가를 조명하는 경우는 드물다. 그래서 시민사회에 들어오고자 하는 사람들조차 하나의 사안이 어떤 과정을 거쳐 변화로 이어지는지 잘 알지 못한다. 여기서는 그 과정을 개략적으로 짧게 훑어보려 한다. 물론 변화에 이르는 길은 단 하나가 아니고 순서 또한 고정되어 있지 않으니, 하나의 참고 사례로 이해하면 좋겠다.

① 문제 발굴

어떤 문제가 존재할 때, 모두가 그 심각성에 공감할 것 같지만 실제로 이 단계를 만드는 데에는 오랜 시간과 많은 노력이 필요하다. 자본주의 사회에서는 많은 문제를 구조적 모순이 아니라 개인의 잘못에서 비롯된 것으로 판단하는 경향이 강하기 때문이다. 거리에서 숙식하는 사람을 보며 경제적 불평등, 사회 안전망의 부재, 기업의 착취 구조를 떠올리기보다 개인의 의지 부족이나 능력 문제로 여기는 시선이 대표적이다. 이는 단순히 개인화된 시선의 문제만이 아니다. 시설에서 생활하는 장애인의 모습이 익숙한 사회에서는 주거권이 모든 시민에게 보장되지 않는다는 사실을 인식하기 어렵다. 대중교통에서 불편을 느끼지 않는 사람이 대다수인 도시에서는, 엘리베이터가 없는 환경 속 고령자와 장애인의 이동권을 상상하기 쉽지 않다. 이렇게 누군가에게는 당연한 권리가 보장되지 않고 있음에도 우리는 종종 그냥 지나쳐 버린다. 그 가려진 의제를 세상에 드러내는 일을 바로 활동가들이 한다.

'문제 발굴' 단계는 활동가들이 가장 자신하는 '현장성'이 빛나는 순간이다. 책상 앞에서 기존 자료만 분석하는 방식으로는 새로운 문제를 발견하기 어렵다. 매일 부덮히는 문제일지라도 당사자는 구조적으로 접근할 여력이 부족해 사회적 언어로 전환하기 어렵다. 시민과 가장 가까이에서 소통하면서도 특정한 관점을 갖고 꾸준히 데이터를 모아 넓은 시야로 상황을 바라보는 사람들, 그들이 바로 활동가다. 마치 문제가 없는 듯 보이는 세상 속에서 모순을 찾아내는 이 어려운 일을 해내는 순간, 변화는 시작된다.

청년주택을 반대하는 일부 아파트 소유자들의 플래카드

2018년, 민달팽이유니온 상근 활동가이던 시절 한 제보가 들어왔다. 사신의 동네에 청년 주택이 들어설 예정인데, 거주 중인 아파트 단지 주민(소유자)들이 이를 반대하기 위해 집단행동을 준비하고 있다는 내용이었다. 민달팽이유니온은 2013년 행복주택, 2014년 구의동 행복기숙사 정책 추진 당시 지역 아파트 소유자들의 극심한 님비NIMBY(지역 이기주의) 행태를 다뤄온 역사가 있었기에, 사무처는 주저 없이 대응을 결정했다. 직접 현장을 찾아가 보니 상황은 생각보다 심각했다. "청년들이 입주하면 지역이 문란해지고 슬럼화된다"는 혐오적 구호가 버젓이 내걸리며 반대 여론이 조직되고 있었다. 이는 단순히 청년 주택 한 채의 건설 여부를 넘어, 세입자·청년·임대주택에 대한 혐오와 부동산 투기를 위해 원색적 비난까지 용인하는 사회 분위기를 여실히 보여주는 장면이었다. 우리는 아파트 소유자들과 정치인의 움직임, 청년 주택 정책과 해당 지역의 특성을 분석한 뒤 조직의 자원을 본격적으로 투입하기로 했다. 목표는 한국 사회에 뿌리 깊게 자리한 임대주택 혐오와 님비 문제를 전면에 드러내는 것이었다.

② (전략, 캠페인, 사업 등 전반적인) 활동 기획

세상은 결코 만만하지 않다. 어떤 문제가 오랫동안 존재했던 이유는 변화를 원하지 않는 더 강한 누군가가 있었기 때문이다. 영화 〈매트릭스〉에서 구조적 문제를 인식하게 해주는 '빨간 약'을 삼킬지, 아무것도 모른 채 살아가는 '파란 약'을 삼킬지를 선택하는 장면처럼 차라리 모른 채 살아가는 편이 마음이 편할지도 모른다. 그러나 문제를 발굴했다면, 제대로 된 해결을 위해서 면밀하고 장기적인 전략이 꼭 필요하다.

처음부터 고민거리는 쏟아진다. 누구와 함께할 것인지, 조직을 만들 것인지, 만든다면 어떤 형태일지, 연대의 범위를 어디까지 설정할지. '시작이 반!'이라는 말이 있지만 안타깝게도 사실이 아니다. 시민들에게 문제를 쉽게 설명할 언어를 찾고 온·오프라인을 각각 어떻게 활용할지, 한정된 예산을 어디에 얼마나 투입할지도 결정해야 한다. 또한 현행 제도 내에서 개선을 이룰지, 새로운 법률 체계를 만들지 등 전략 단계에서부터 시민들에게 설득력을 가질 대안까지 준비해야 한다. 계획이 언제나 계획대로만 흘러가는 것도 아니다. 변화를 반대하는 이들의 저항에 맞서 시시각각 대응해야 하고, 때로는 초기 전략을 통째로 수정하기도 한다. 그래서 활동가로 살다 보면, 직접 시민을 만나는 시간보다 회의에 쓰는 시간이 훨씬 많다는 사실을 저연차 때부터 뼈저리게 깨닫게 된다.

> 님비 문제에 대응하려면 찬성과 반대의 구도를 '넓게' 잡는 것이 중요하다. 집값이 비싸도 너무 비싼 한국 사회에서 공공주택 정책 자체에 대한 공감대는 이미 존재한다. 다만 일부 소유권자들이 내 집 옆에만 들어오지 않기를 바라며 반대할 뿐이다. 그래서 논의의 무대를 청년 주택 인근 아파트 단지만이 아니라 최소 지치기ㅏ시 단위로 넓혀서 풀어가기로 했다. 또한 지역에서 가장 목소리가 큰 집단은 대개 소유권자들이지만, 실제로는 어느 동네든 세입자와 상인이 더 많이 거주한다. 과격한 일부의 의견이 과다대표되지 않

변화가 발생하기까지의 A to Z

도록 지역 내 다양한 목소리를 확보하는 것이 관건이었다. 이렇게 기획의 대상이 명확해졌다.

대상 범위는 넓히되 지역은 특정되었기에, 온·오프라인 기획을 병행하는 전략이 효과적이었다. 청년 주택의 필요성 자체는 상식에 가깝기 때문에, 복잡하게 설명하기보다 지역의 님비로 인해 청년 주택이 무산될 수 있다는 사실만 잘 알리면 여론의 지지를 얻기에 충분했다. 이에 따라 시민들의 관심을 끌면서 빠르게 확산시킬 수 있는 공론화 콘텐츠를 기획하게 되었다.

서울시청 앞 대형플래카드 퍼포먼스 기획 (출처: 민달팽이유니온)

③ 공론화 및 (시민) 세력화

이제부터는 공감을 얻는 시간이다. 함께 사는 사회에서 제도든 문화든 바꾸려면 반드시 사람들의 마음을 움직여야 한다. 하지만 현대 사회는 너무 바쁘고 다뤄야 할 문제도 수없이 많다. 우리의 이야기가 공감은커녕 전달되기조차 어렵다. 그래서 소위 '어그로'를 끌든 감동을 주든, 시선을 붙잡는 장치가 필요하다. 시민들이 문제라고 생각하지 않았던 일상을 문제로 인식하게 만들기 위해, 우리는 끊임없이 이야기하고 설득해야 한다. 따라서 당사자의 증언을 모으고 구조적 모순을 분석하며, 시민이 이해하기 쉽게 풀어내는 것에서부터 시작해야 한다. 때로는 사람들이 직접 체감하기 어려운 조건을 경험하게끔 하기 위해 출근길 지하철을 멈추는 행동까지 감행한다.

이 단계는 선택지가 너무 다양하다. 매 순간 어떤 전략이 효과적일지 판단해야 한다. 예를 들어, 프리랜서들이 노동권 침해를 당해 저항이 필요할 때는 '관심 있는 핵심 시민'에게 집중하는 방식이 더 힘을 발휘한다. 넓게 공감을 받으면 당연히 좋지만 반드시 다수가 될 필요가 없다. 오히려 다양한 프리랜서의 현실과 문제를 힘 있게 모아내는 전략이 중요하다. 반면 아파트값 하락을 이유로 청년주택을 반대하는 주택 소유권자들과 맞설 때는 다르다. 이때는 지역 상인, 세입자 등 지역 내 다수, 나아가 국민 정서 전반이 청년 주택에 반대하지 않음을 보여주는 것이 가장 효과적이었다.

대중적인 지지를 확보할지, 화력이 강한 코어 멤버를 모을지 혹은 다른 선택지를 택할지, 단일한 정답은 없다.

활동가마다 성향과 방식이 다르고 상황에 따라 유불리가 달라진다. 누구의 방식이든 맞을 수도 틀릴 수도 있다. 그래서 중요한 것은 동료들과 충분히 토론하며 그 상황에서 가장 적절한 선택을 하는 것이다. 결국 핵심은 의제를 시민들에게 명확히 알리고, 세력화를 통해 연대의 힘을 보여주는 일이다. 그래야만 꿈쩍도 않는 세상을 조금이라도 움직일 수 있다.

시민사회에서 오래 일한 사람들이 "조직해야지! 조직해야지!"라는 말을 입에 달고 사는 이유도 여기에 있다. 다소 고리타분하게 들릴지라도, 시민이 모여 세력이 되어야 세상을 바꿀 수 있기 때문이다. 오늘도 시민사회의 일을 공감받기 위해 활동가들은 이 믿음을 붙잡고 최선을 다하고 있다.

> 청년 주택이 늘어나길 바라는 청년 세입자들의 메시지를 온라인으로 받았다. 이슈를 알리면서 동시에 공감대를 조직하기 위한 기획이었다. 수많은 응답이 도착했고, 우리는 알록달록한 집 모양 종이에 메시지를 하나씩 담았다. 그리고 그 카드들을 혐오적 표현이 가득한 '청년 주택 반대' 플래카드에 하나하나 붙였다. 차가운 문구가 따뜻한 색감과 메시지로 덮여 갔다. 하지만 이 소식이 아파트 단지 연락망에 전해지면서 일부 소유권자들이 직접 찾아와 항의했다. 굳이 갈등을 키울 필요는 없었기에 차분히 대화를 시도했고, 이 모든 과정을 영상으로 기록했다. 그들의 목적은 오

로지 '결사반대'였기에 결국 설득에는 이르지 못했지만, 메시지 카드를 붙이고 대화를 시도하고 끝내 쫓겨나는 순간까지 담긴 영상은 유튜브에서 큰 반응을 얻었다. 자연스럽게 언론의 관심도 이어졌다.

이미 지역 세입자와 상인의 의견을 확보했고 청년 주택이 공급되더라도 지역이 '문란'해질 리 없다는 상식적인 자료도 모아둔 상태였기에, 미디어의 조명까지 더해지자 시민들의 지지는 폭발적으로 확산됐다.

청년주택 반대 플래카드를 청년들의 메시지 카드로 꾸미는 모습

④ 정책·제도화

드디어 활동가뿐 아니라 시민들도 큰 관심을 보이기 시작했고, 제도 개선을 위해 의사 결정자들도 움직이기 시작했다. 활동이 탄력을 받은 것이다. 이제 최종적인 개

선으로 나아가기 위해 연구자, 시민, 전문가 등 다양한 사람들과 손을 잡아야 한다. 제도의 엄밀성을 높이려면 연구자의 분석이 필요하고, 현장에서 생길 혼선과 변수를 줄이려면 시민 의견을 반영해야 한다. 토론회와 공론장 같은 소통 절차를 거쳐야 비로소 입법이나 정책으로 이어질 수 있다. 물론 마지막 도장은 시민사회가 찍을 수 없다. 민주주의 국가인 이상 변화는 국민이 권한을 위임한 입법부나 행정부가 공식적으로 결정해야 한다.

이 시점에도 애를 태우는 변수는 많다. 일을 피하려는 공무원은 설득해야 하고, 말만 번지르르한 국회의원은 법안이 본회의를 통과할 때까지 붙잡아 두어야 한다. 심지어 이해관계가 충돌하면 우리보다 훨씬 돈과 영향력이 큰 집단이 로비로 훼방을 놓기도 한다. 이를 막으려면 시민들의 관심이 끝까지 이어져야 한다.

게다가 인맥왕이나 ChatGPT가 아닌 이상 도장을 찍을 정책결정권자가 누구인지, 그 사람이 어디서 일하는지 모두 알기 어렵다. 감시를 제대로 하려 해도 현대 사회의 복잡성 속에서 순식간에 지나쳐 버리는 문제들도 많다. 남은 해법은 연대다. 시민사회의 연결망을 총동원해 "당신들을 끝까지 지켜보고 있다"는 신호를 보내야 한다. 마지막 확정이 이루어지는 순간까지 긴장의 끈을 놓을 수 없다.

결국 정치인과 행정가, 공무원이 반응했다. 청년 주택을 원안대로 추진하겠다는 약속을 받아냈다. 하지만 이 문제가 앞으로 재발하지 않으리라는 보장은 없었다. 게다가 청년 주택 정책 자체에도 여전히 아쉬움이 남아 있었다. 전자는 지역의 님비로 인해 사업이 좌초되지 않도록 제도적으로 보완하는 것이 필요했고, 후자는 이번 이슈화를 계기로 시민들에게 더 큰 설득력을 얻기 위해 공공성을 강화하는 방향이 필요했다.

제도 보완은 '님비방지법'이라는 입법 과제로 풀기로 했다. 공공주택이 무산되는 이유 중 상당수는 행정과 정치권이 반대 의견을 '주민 수용성'이라는 명목으로 받아들이기 때문이다. 이에 세입자와 상인 등 다양한 지역 주민의 의견을 반드시 반영하도록 하여 합리적인 의사결정을 촉진하는 개선안을 제시했다. 하지만 이 문제에 관심을 갖는 국회의원이 드물어 아쉽게도 법 개정까지는 이어지지 못했다.

공공성 강화 측면에서는, 청년 주택 건설 단계에서 공공 예산 투입 비율을 높여 저렴한 임대료로 제공되는 주택의 비율을 약 20%에서 30%로 늘렸다. 청년 주택 반대 측에서 제기하던 주요 논리 중 하나가 '공공주택 비율이 너무 낮다'는 것이었는데, 이번 개선으로 이러한 비판을 약화시키고 공공성을 강화할 수 있었다. 덕분에 양질의 주택이 늘어나면서 시민을 설득할 수 있는 근거도 한층 탄탄해졌다.

서울시 청년주택 간담회

⑤ 집행 모니터링 및 새로운 문제 발굴

제도 개선이 완료되면 시민사회의 큰 역할은 일단락된다. 그러나 여기서 멈출 수는 없다. 정책이 현장에서 제대로 집행되는지, 제도 변화가 의도한 대로 반영되고 있는지를 꼼꼼히 살피는 '모니터링' 과정이 필수다. 완벽한 제도란 존재하지 않기에, 부족한 부분이 발견되면 즉시 보완할 수 있도록 꾸준히 지켜보아야 한다. 그래야 비로소 '유종의 미'를 거둘 수 있다. 다행히 제도가 개선된 만큼 이전보다 업무 부담은 줄었을 것이고, 이제 서로의 노고를 격려할 시간이다. 하지만 해결된 것은 수많은 과제 중 단 하나일 뿐이다. 여전히 중요하고 시급한 문제들이 산적해 있다. 잠시 숨을 고른 뒤, 우리는 다시 새로운 문제를 찾아 나선다.

> 대응했던 지역이든 아니든, 임대주택에 대한 혐오가 반복되지 않는지 꾸준히 살펴야 한다. 청년 주택의 공공성을 강화하겠다는 약속이 실제로 지켜지는지도 감시 대상이다. 이를 위해 청년 주택 정책이 결정되는 '도시계획위원회' 자료를 지속적으로 확인하고, 준공 이후에는 입주자들로부터 현장의 목소리를 직접 들어야 한다. 실제로 민달팽이유니온의 차기 집행부 활동가들은 해당 청년 주택 정책을 계속 감시하며, 새롭게 드러난 문제에 대응하고 해결하기도

했다. 이런 주거권 활동가들의 꾸준한 노력 덕분에 공공임대주택 정책은 좌초되지 않고 안정적으로 이어지고 있다.

민달팽이유니온의 서울시 역세권 안심주택 문제 대응 활동
(출처: 민달팽이유니온)

너무 무겁고 올드하지 않나요?
- 기획에 관하여

　활동가와 가장 비슷한 단어를 하나만 꼽자면 '기획자'일 것이다. 기획이라는 말은 범위가 넓고, 영리와 비영리 영역 모두에서 흔히 쓰인다. 목표 역시 크게 다르지 않다. 시민(혹은 소비자)에게 매력적으로 다가가기 위해 어떤 콘텐츠를 만들고, 어떻게 알리고, 관심과 참여(혹은 구매)를 이끌어낼지 고민하는 일이다. 복잡한 현대사회에서는 현장에서 발로 뛰는 활동보다 다양한 시민에게 제대로 다가가기 위한 기획의 비중이 점점 더 커지고 있다.

　다만 '기획'이 워낙 포괄적인 개념이라, 구체적으로 무슨 일을 하는지 나열하는 것만으로는 잘 와닿지 않는다. 비영리 조직을 설립할지, 비건 카페를 열지, 제로 웨이스트 상점을 운영할지 같은 큰 틀의 결정부터, 전시·집회·캠페인 등 행사 형식과 세부 브랜딩, 콘텐츠 개발까지 모두 기획의 범주에 들어가기 때문이다. 그래서 모든 사례를 나열하기보다 시민사회만의 특별한 강점을 살린 포인트를 소개하는 편이 더 나을 듯하다. 그 핵심은 바로 '시민이 직접 참여하는 기획'이다.

2025년 5월 전주에서 열린 '불모지장' (출처: 불모지장)

예를 들어, 2025년 5월 전주에서 열린 '불모지장'이 있다. '불편한 모험을 통해 지속 가능한 지구를 만들어 가는 장'이라는 뜻을 가진 이 행사는 2020년부터 꾸준히 열리고 있는 제로 웨이스트 비건 플리마켓이다. 지역 사회에서 쓰레기를 줄이는 방법은 많지만, '불모지장' 활동가들은 장터라는 친근한 형식을 택해 시민들이 쉽게 참여할 수 있는 자리를 마련했다. 시민들은 마치 동네 시장에 가듯 편하게 들러서 비건 지향과 자원 순환을 자연스럽게 경험했고, 딱딱한 캠페인보다 훨씬 쉽게 기후 위기 대응 실천에 다가갈 수 있었다. 장터 준비 단계부터 쓰레기를 만들지 않기 위해 세심하게 설계된 만큼, 이곳은 '쓰레기 없는 삶'을 몸소 체험하고 일상 속 습관으로 이어갈 수 있는 공간이 되었다. 이렇게 '환경운동'이라는 말이 무겁게 느껴질 수 있는 시민들에게, 참여 중심의 기획은 실천의 문턱을 낮추고 긍정적인 경험을 통해 자발적인 변화를 만들어낸다.

시민사회의 기획에서 '참여'는 빼놓을 수 없는 핵심 요소다. '계절의 목소리'가 계절마다 준비하는 전시 역시 항상 '참여형 기획'을 우선으로 한다. 예를 들어, 2024년 겨울 전시는 '일상의 깃발을 모으고 직접 만들어보는' 참여형 프로젝트였다. 그 겨울 하면 누구나 탄핵 정국을 떠올릴 것이다. 집회의 여러 장면 중에서도 가장 눈길을 끈 것은, 새로운 세대의 집회 문화로 회자된 아이돌 응원봉과 재치 있는 깃발이었다. 최애 가수를 위해 아껴두던 응원봉을 집회를 위해 꺼내 들고, '강아지 발냄새 연구회', '전국 집에 누워 있기 연합'처럼 유쾌한 이름이 적힌 깃발들이 광장에 나부꼈다. '계절의 목소리'는 시민 참여를 이끌어내기 위해 여기서 '일상'이라는 키워드에 집중했다.

2024년의 계엄령은 당시를 겪은 사람들에게 믿기 힘든 사건이었다. 총과 칼의 폭력 앞에서 누구나 일상이 무너질지 모른다는 공포를 느꼈다. 혹독한 겨울에도 수백만 시민이 광장으로 나선 이유는 바로 자신이 가장 아끼고 사랑하는 일상을 지키기 위해서였다. 그리고 그들이 손에 쥔 깃발과 응원봉의 불빛에는 그런 일상의 이야기가 고스란히 담겨 있었다. 우리는 집회가 끝나더라도 일상을 지키고자 했던 사람들의 마음이 휘발되지 않기를 바랐다.

카페를 찾는 손님들 중에는 집회에 함께했던 청년들이 많았다. 그래서 모두에게 '자신이 사랑하는 무언가'를 담은 깃발을 선물하고 싶었다. 천장까지 닿는 커다란 광장 그림판을 세우고, 그 옆에는 깃발 모양 스티커에 각자의 일상을 기록할 수 있는 테이블을 마련했다. 참여자들은 깃발에 자신의 이야기를 적어 그림판에 붙이면 됐다. 단순한 기획이었지만 전시가 시작되자 광장 그림판은 금세 알록달록한 깃발로 가득 찼다. 시국에 함께하고 싶은 마음이 모두에게 가득했기에 폭발적인 참여가 이뤄졌던 것 같다. 탄핵 인용까지 이어진 이 깃발 전시는, 광장에서 꿈꾸던 새로운 세상에 대한 바람과 상상을 '동네'로 가져오는 경험으로 남으며 성황리에 마무리됐다.

계절의 목소리 탄핵 전시 (출처: 계절의 목소리)

깃발 전시뿐 아니라 '계절의 목소리' 전시는 대부분 참여형으로 기획된다. 애초에 전문 갤러리가 아니기에 예술적인 작품성이 어떠한지 집착할 필요는 없다. 오히려 커피를 주문하고 기다리는 5분 남짓한 시간 동안 가볍게 둘러볼 수 있는 기획이 더 효과적이다. 다양한 사회적 목소리를 담자는 공간의 취지상 어느 곳보다도 '참여'가 가능한 콘텐츠를 만드는 것이 핵심이다. 이런 전시 덕분에 카페 직원과 손님이라는 단순한 관계를 넘어 활동가와 시민으로서 생각을 나누고 연결하는 계기도 마련된다.

물론 '참여'라는 개념은 머릿속으로 그릴 때와 달리 실제 기획 단계에 들어가면 결코 단순하지 않다. 특히 일터에서 '업무'의 영역으로 들어가면, 시민으로서의 '참여'와 직무로서의 '일' 사이의 경계가 모호해진다. 마치 축구선수가 아무리 축구를 사랑해도 선수 시절에는 그것이 단순한 취미로 느껴지지 않는 것과 같다. 활동가 역시 직무 특성상 시민을 '업무 대상'으로 만나게 된다. 원칙적으로는 당연히 동료 시민으로 바라봐야 하지만, 현실에서는 인간적인 한계와 환경적인 요인 때문에 쉽지 않다. 또한 비영리 업계가 워낙 소규모이고 그 세계관도 독특하다 보니, 우리가 주로 만나는 '시민'이 과연 보통 시민을 대표하는지도 확신하기 어렵다. 게다가 높은 노동 강도 때문에 주변을 여유롭게 살필 시간조차 부족하며, 퇴근 후까지 활동가로서 사람들을 만나고 싶지 않을 때도 있다. 이런 상황이 반복되면 접점은 점점 줄어들고, 시민사회는 고립된 섬처럼 멀어질 위험에 처한다. 어느 순간부터는 다른 세계에 사는 듯한 괴리감이 생기거나 주어진 일만 기계적으로 처리하는 관성이 생기기도 한다. 그렇게 '참여'는 현장에서 사라지고 만다.

정보의 접근성이 높아지고 넘쳐나는 지금, 누가 누구를 '계몽'하는 시대는 이미 끝났다. 더구나 '계몽'이라는 단어 자체가 희화화된 지 오래다. 이제 의제를 알리는 방식도 '참여' 없이는 불가능하다. 결국 시민과 함께하지 못하면 시민사회의 기능 역시 온전히 작동하기 어렵다는 사실을 모두가 알고 있다. 하지만 특별한 계기나 운이 따르지 않는 이상, 시민과의 거리를 좁히는 일은 결코 쉽지 않다. '계절의 목소리'가 참여형 전시를 핵심 사업 중 하나로 삼은 이유도 여기에 있다. 아무리 좋은 이야기를 공간에 풀어놓더라도 방문한 사람들이 어떻게 보고 느끼는지 직접 듣지 않으면 일방적인 전달에 그치기 쉽다. 멋진 행사를 열더라도 관심 있는 사람만 찾아올 뿐, 동네 주민들이 자연스럽게 접근하기는 어렵다. 그래서 기존 전시나 공간 운영과는 다른 방식이 필요했다. 아침에 눈을 떠 카페에서 커피 한 잔과 독서를 즐기려는 사람을 떠올려 보자. 그곳에서 커피를 기다리는 동안, 시민사회에서 일하는 사람과 잠시나마 더 나은 일상과 사회에 대한 이야기를 나눌 수 있다면 어떨까. 자주 찾는 카페이니 언제든 들를 수 있고, 다음 계절에는 어떤 주제로 전시가 열릴지 궁금해질 것이다. '계절의 목소리'의 전시는 바로 이런 의지를 담고 있다. 편하게 드나드는 일상의 공간에서 사회적 의제와 자연스럽게 소통할 수 있는 장을 마련하는 것이다.

물론 매번 소통이 완벽하게 성공한 것은 아니다. 지금까지 일곱 번의 계절을 거치며 청년, 이태원 참사, 여성, 세월호 참사, 기후 위기, 빈곤과 주거권, 탄핵 깃발 등 다양한 주제로 전시를 진행했다. 어떤 때는 시민들이 반갑고 재미있게 참여했고, 또 어떤 때는 주제를 이해하는 데 어려움을 겪기도 했다. 특히 이화여대가 중심인 골목 특성상 '여성' 주제의 전시에 반응이 더 높았다. 그러나 호응의 크고 작음을 떠나, 단 5분이라는 짧은 시간 동안 시민들이 남긴 작은 목소리들은 우리에게 큰 힘이 되었다. 아무리 관심이 있어도 모든 사안에 꾸준히 참여하는 건 바쁜 일상 속에서 쉽지 않은 일이다. 일터의 생태계 안에만 머물렀더라면 결과만 보고 '대중에게 공감을 받지 못한 의제'로 단정했을 법한 사안도 많았다. 하지만 전시를 통해, 함께하고 싶은 마음을 가진 이들이 결코 적지 않다는 사실과 그들의 목소리를 직접 전해 듣는 경험을 할 수 있었다.

시민사회가 대표적으로 하는 일을 한마디로 설명하자면, 시민들의 마음과 목소리를 모으는 '기획'에서 출발한다고 말할 수 있다. 캠페인, 집회, 공론장, 행사 등 다양한 형태의 기획을 준비하기 위해 활동가들은 먼저 자신들이 바꾸고자 하는 세상의 모습을 시민들에게 얼마나 선명하고 따뜻하게 전달할 수 있을지, 그리고 공감의 마음을 어떻게 끌어낼지를 고민한다. 가장 효과적인 채널을 통해 의견을 모으고, 다방면의 역량으로 만든 콘텐츠로 시민을 만나기 시작한다. 물론 한 번의 만남만으로 변화를 이루기는 어렵기에 시민들의 일상 속으로 자연스럽게 스며드는 방법을 찾는다. 그렇게 일상에 자리 잡은 의제는 시민들 사이로 퍼져나가고, 다시 시민들의 고민이 시민사회의 의제로 이어지는 선순환이 만들어진다. 이 복잡하고도 정교한 과정을, 전국의 시민사회가 오늘도 묵묵히 이어가고 있다.

계절이 바뀔 때마다 '계절의 목소리' 기획자들은 어렵지만 설레는 고민에 빠진다. 이번에는 또 어떤 목소리를 통해 시민들을 만나고, 어떤 방식으로 소통할 수 있을까. 100장도 안 되는 세월호 추모 글, 탄핵 깃발 스티커 몇 장으로 얼마나 큰 변화를 만들 수 있겠냐고 묻는 이도 있겠지만, 지금은 미약해 보이더라도 마음과 노력이 겹겹이 쌓이면 언젠가 가시권 안에 닿는 순간이 올 것이라 믿는다. 그래서 내용도, 방식도, 더 풍성하고 다채롭게 고민할 수밖에 없다.

퇴진 정국의 집회를 돌이켜 보면, 시민사회는 그때 모든 사람에게 열린 무대를 만들었다. 집회는 위에서 아래로 지시하는 방식이 아니라 여성, 성소수자, 장애인, 농민, 노동자 등 다양한 위치의 이야기가 자유롭게 오가도록 운영됐다. 매 집회마다 참여 부스를 열어 시민들의 바람을 모으고 전달하는 기획도 병행했다. 시민들이 각자의 목소리를 마음껏 외치며 서로를 동반자로 인정하고 진심으로 소통하는, 이상적인 장이 펼쳐졌다. 이런 공론장이 하루아침에 뚝딱 만들어진 것은 아니다. 혹한과 혹서에도 굴하지 않고 거리에서, 현장에서 수없이 많은 시도를 거듭하며 쌓아온 경험치 덕분이었다. 퇴진 정국이 끝났다고 해서 이 흐름이 멈출 이유는 없다. 오히려 달아오른 에너지를 발판 삼아 앞으로 훨씬 재미있고 창의적인 기획이 기하급수적으로 늘어나리라 기대한다. 어차피 기획이란 열 개 던져 한두 개 성공하기도 어려운 법이다. 참여율이 기대에 못 미치더라도, 눈에 띄는 성과가 바로 보이지 않더라도 실망할 필요는 없다. 꾸준히 시도하고 계속 던지다 보면, 퇴진 정국 때의 감동을 넘어서는 장을 만들어낼 저력이 시민사회에는 이미 충분히 쌓여 있다.

어떤 커뮤니티가 필요할까?
- 조직에 관하여

'계절의 목소리'는 주로 '카페', '전시', '대관'으로 소개되지만, 의외로 '모임'이 차지하는 비중도 상당하다. 처음 문을 열었을 때만 해도 노조나 시민단체 모임이 자주 열리길 기대했지만 실제로는 예상 밖의 '외부' 모임들이 더 많이 찾아왔다. 강연도, 토론회도, 공식 행사도 아닌 말 그대로 모임이다. 사람들은 삼삼오오 모여 영화를 보고 책을 읽고 상담을 하며, 심지어 단체 소개팅(!)까지 연다.

모임이 잡히는 경로는 다양하다. 초창기부터 함께한 청년 단체 같은 비영리 조직이 예약하기도 하고, 온라인 검색이나 입소문을 듣고 찾아오기도 한다. '계절의 목소리'가 모임 공간으로 매력적인 이유는 몇 가지가 있다. 우선 여타 회의 전용 공간보다 예쁘다. 가격 차이가 크지 않다면 '이왕이면 다홍치마' 아니겠는가. 최소한의 인테리어만 갖춘 회의실과 달리 감각 좋은 활동가들이 한 땀 한 땀 공들여 만든 따뜻한 분위기의 카페는 모임 주최자 입장에서 당연히 끌린다. 인테리어가 훌륭한 카페는 많지만, '계절의 목소리'는 테이블 간격이 널찍해 주변 눈치를 덜 봐도 되고 예약도 가능해 안정적으로 모임을 가질 수 있다. 미리 결제만 해두면 모임 구성원 누구나 자유롭게 와서 음료를 마실 수 있는 시스템도 장점이다. 덕분에 10:10 순환식 소개팅, 프로게이머 팬미팅, 유명 팟캐스트 팬 행사 등 활동가들조차 놀랄 만큼 다채로운 모임들이 열렸다.

그런데도 '요즘 청년들이 개인주의적이라 커뮤니티를 선호하지 않는다'는 오해는 여전히 남아 있다. 그러나 2030 세대가 모임 자체를 꺼린다고 보기는 어렵다. 다만 같은 집이나 동네에 산다는 이유로, 혹은 회사가 같다는 이유만으로 무조건 모이는 전통적인 집단주의적 공동체성은 약해졌다고 볼 수 있다. 대신 마음이 맞고 공감대와 동질성이 높은 사람과는 적극적으로 가까워지고 싶어 한다. 평소에는 느슨하게 지내더라도, 마음에 맞는 공동체를 만나면 돈과 시간을 기꺼이 투자한다. 실제로 러닝, 클라이밍 크루처럼 미디어에서 주목받는 모임 문화는 줄어들기는커녕 계속 늘어나고 있다. 여의도, 남태령, 한남동, 광화문 등 주요 집회의 성공에서 2030 여성들의 공동체 참여가 핵심적인 역할을 했다는 점만 봐도, '개인주의'라는 설명이 정확하다고 보기 어렵다.

안타까운 점은, 다양한 모임이 생기고 탄핵 집회 같은 대규모 시민 참여가 활발했음에도 불구하고 시민사회 버전의 모임이 흥한 사례는 드물다는 것이다. 시민단체 활동가라면 누구나 '조직 사업'이라는 이름으로 활동 과정에서 만난 사람들과 관계를 이어가 보려 애쓴 경험이 있을 것이다. 그러나 가벼운 취미 모임 플랫폼에서는 너무나 쉽게 이뤄지는 일이, 시민사회라는 딱지가 붙는 순간 실패로 돌아가는 경우가 많다. 탄핵 정국 때도, 응원봉을 들고 거리에 나온 수백만 명의 시민들과 어떻게 하면 길고 소중한 인연을 이어갈지가 모두의 관심사였다. 실제로 시민단체들이 회원을 대상으로 진행한 설문조사를 보면, 사회적 의제에 관심이 많고 일상의 문제를 함께 나누고 싶은 욕구도 높게 나온다. 그럼에도 정작 '모이자'고 하면 번번이 실패하는 이유가 무엇일지, 현장의 많은 활동가들이 답답해한다.

'조직 사업'은 시민사회 특유의 용어이기에, 여기서는 조금 더 일반적인 '모임'이라는 단어로 이야기해 보자. 국어사전에 따르면 '모임'은 어떤 목적 아래 여러 사람이 모이는 일을 뜻한다. 시민사회의 목적은 여타 모임 플랫폼처럼 대규모 회원을 끌어모아 수익을 창출하는 것이 아니다. 시민사회의 핵심이 시민이란 걸 고려하면 모임 그 자체는 수단이라기보다 목적이라 할 수 있다. 즉 어원에 충실해 시민들을 모으는 것이, 그 과정을 이끌어내는 것이 활동가의 핵심 업무인 것이다. 그래서 대부분의 시민사회 조직에는 사업 분류상 '조직 사업'이 있다. 개개인의 시민으로는 각자의 목소리가 너무나 미약하기에, 여럿이 함께 모여 합창의 목소리를 외쳐야 힘을 곱절로 낼 수 있다. 그리고 그 응집을 가능하게 하는 구심점 역할을 시민사회가 맡는다.

시민사회가 시민을 모으는 방식은 스펙트럼이 매우 넓다. 후원회원들과 관계를 깊게 쌓아 결속력을 높이는 모임부터 불특정 다수를 가볍게 연결하는 대중 기획까지 다양한 층위가 있다. 단체의 취지에 공감하고 활동에 대한 신뢰가 쌓인 시민이 많을수록, 훗날 서명운동이나 집회, 정책 제안 등에서 더 큰 목소리를 낼 수 있다. 또한 활동가가 아무리 유능하더라도 세상 모든 사안을 직접 경험할 수 없기에 시민들과의 네트워크에서 현장 감각과 자신감을 얻을 수 있다. 제도 하나를 바꾸더라도 시민의 일상에 실제로 도움이 되는 정책은 무엇일지, 책상 앞에 앉아서는 알기 어렵다. 예를 들어 1인 가구인 활동가가 아동 양육 가구의 주거 문제를 온전히 이해하는 것은 쉽지 않고, 반대로 육아에 집중하는 활동가가 1인 가구의 주거 문제까지 파악하기도 힘들다. 그렇다고 주변 지인 몇 명에게 묻는다고 해서 충분한 개선책이 나오는 것도 아니다. 이렇듯 다양한 사람과 꾸준히 소통하고 교감해야만 의미 있는 방향이 잡히고 양질의 정책이 탄생한다. 세상에는 수많은 모임이 있지만, 특정 주제로 삶의 개선을 위해 모일 수 있는 창구는 시민사회가 거의 유일하다. 정치권의 조직은 선거 승리가 우선이고 영리 목적의 모임은 매출 확대가 최우선이기에, 시민의 일상 문제를 구조적으로 다루기는 어렵다. 그렇기에 '모임' 혹은 '조직 사업'은 시민사회에서 결코 빼놓을 수 없는 핵심 직무다.

다만 앞서 말했듯 시민사회 차원에서 모임을 원활히 꾸려가는 일은 결코 쉽지 않다. 사람들은 언제나 '동원된다'는 부정적 뉘앙스에 민감하기 때문이다. 예컨대 '쿠팡'이나 '테무' 같은 이커머스 기업이 신규 가입자에게 거액의 선물을 내세운다고 해도, 대개는 결국 더 많은 판매를 위한 전략일 뿐이라고 생각하지 순수한 호의로 받아들이지 않는다. 세상에 아무 의도 없이 사람을 모으고 콘텐츠를 제공하는 경우는 거의 없다는 사실을 모두 알고 있기에, 시민사회 역시 이러한 의심의 시선에서 자유로울 수 없다. 더구나 선하고 공익적인 목적을 내세운 사람들이 사실은 다른 속셈을 가지고 사업을 벌인다고 비치기라도 하면, 모임을 매끄럽게 운영하기란 한층 더 어려워진다.

그러나 '순수성'이라는 틀에만 매여 있지 않는다면, 시민사회의 조직 사업만큼 명쾌한 모임 방식도 드물다. 이를테면 방송 노동자 보호 활동을 하는 '한빛미디어노동인권센터'는 드라마 촬영 현장에 커피차와 함께 방문하고 커피를 나누며 프리랜서 노동자들과 소통하는 자리를 갖는다. 당연히 순수하게 커피를 나누고 싶어서 없는 예산을 짜내지는 않는다. 현장에서 환영받으며 인지도를 넓히고, 훗날 방송국의 부조리한 행태가 드러났을 때 함께 대응할 수 있는 관계를 미리 맺어두려는 의도가 분명히 있다. 그러나 노동자 입장에서 보더라도 나쁠 것은 전혀 없다. 한빛센터를 알게 된 후 오랫동안 도움을 청할 일이 없으면 더할 나위 없겠지만, 권리를 침해당했을 때는 그간의 소통 경험이 문제 해결에 큰 힘이 될 것이다. 게다가 추운 날씨에 따뜻한 커피 한 잔을 공짜로 마실 수 있으니 밑질 필요도 없이 본전 이상이지 않은가.

물론 매일 생계를 위해 분주한 시민들에게 공익적 목적을 위해 시간을 내달라고 부탁해야 하는 현실에서, 시민사회 모임의 진입장벽이 높은 것은 사실이다. 퇴근 후에는 대개 부담 없이 스트레스를 풀고 일상에 즐거움을 더할 수 있는 활동을 선호하지, 진지한 토론에 참여하자고 하면 선뜻 나서기 어렵기 마련이다. 그래서 조직 사업에서도 단계별 접근이나 가벼운 프로그램을 병행하는 전략이 흔히 쓰인다. 영화 감상이나 맛집 탐방처럼 자연스러운 관계 형성을 돕는 활동이 대표적이다. 하지만 목적 사업과 무관한 활동에 조직의 자원을 과도하게 쏟는 것도 부담스럽고, 시민들 역시 주변에서 쉽게 누릴 수 있는 콘텐츠를 굳이 시민단체까지 찾아와 즐기려는 동인도 낮다. 이런 활동이 보완적 역할을 할 수는 있겠지만 본질적인 해결책으로 보기는 어렵다.

방송노동자 응원 커피차 (출처: 저자)

주제의 무거움 때문에 참여율이 낮은 측면도 분명히

있겠지만, 단순히 진지한 내용 때문만은 아니다. 시민사회 바깥에서 흥하는 모임들을 보면 도파민을 자극하는 가벼운 소재만으로 유지되는 경우는 드물다. 예컨대 '계절의 목소리'에서 활발히 이어지는 모임들을 보면, 처음에는 가볍게 시작하지만 결국은 내면의 이야기를 끌어내는 단계로 나아간다. 친밀감과 신뢰가 쌓이고 공동체가 안전하다고 느껴지면 사회적인 이야기든 개인적인 고민이든 자연스럽게 털어놓게 되기 때문이다. 그리고 누구나 이런 공동체를 최소한 하나쯤은 찾고 싶어 한다. 흔한 사례를 돌아보더라도, 술자리를 가진다고 할 때 처음에야 술 게임도 하고 가십거리를 떠들어야 사람들이 다 같이 신나고 즐길 수 있지만, 오래 가는 모임은 대부분 진중한 얘기로 마음을 나눈 기억이 있는 경우가 대부분이다. 이 과정에서 중요한 것은 '촘촘한 설계'다. 첫 만남에서 흥미를 끌어야 하고, 참여 과정에서 환대받는 경험이 필요하다. 이어서 자연스럽게 주제에 맞는 고민을 꺼낼 수 있는 분위기를 만들고, 시민사회의 취지와 맞게 구체적인 변화를 함께 공감할 수 있는 흐름으로 이어져야 한다. 물론 말처럼 쉬운 일은 아니다. 하지만 각 단계 자체는 활동가들이 누구보다 잘 할 수 있는 분야이기도 하다. 다만 차근차근 설계하려고 해도, 때로는 대통령이 계엄령을 선포하거나 기업의 로비로 일상이 위기에 처하는 등 예기치 못한 사건들이 터지면서 활동가들은 한정된 시간과 자원으로 대응하느라 바쁘다. 그러다 보니 모임 자체를 세심하게 다듬을 여력이 부족했을 뿐이다.

사실 활동가들 역시 시민들이 모이고 연대가 단단해져야 세상이 바뀐다는 것을 누구보다 잘 안다. 그러나 정작 모임을 기획하면 참여가 저조하고 사람들은 '동원당한다'며 불편함을 드러내니, 괜히 주저하게 되는 것이 조직 사업이다. 그렇다고 시민사회만이 할 수 있는 일을 포기할 수는 없다. 시작은 활동가들의 고충을 충분히 이해하고 공감하는 것에서 출발해야 한다. 어려운 일을 해내고 있는 그들의 노력을 응원하는 분위기가 먼저 마련되면 좋겠다. 나아가 시행착오를 줄일 수 있도록 시민사회만의 모임 운영 매뉴얼을 함께 만들어갈 필요도 있다. 관계 맺는 방식이 획일적일 수는 없지만, 불특정 다수를 만날 때 첫인사를 어떻게 할지, 관계가 쌓이면 어떤 대화가 좋은지, 모임을 어떤 흐름으로 운영할 수 있는지 등 다양한 방법을 축적해 둔다면 활동가들에게 큰 도움이 될 것이다.

특히 새로운 시대에 맞게 저연차 활동가들은 다양한 모임을 기획하며 이미 풍부한 레퍼런스를 쌓아가고 있다. 이를테면 청년 세대 노동조합인 '청년유니온'은 프리랜서에 특화된 노동자 자조모임을 꾸려 불안정 노동자의 현실을 함께 나누고 대응하는 장을 마련했다. 또한 참여 거버넌스를 통해 활동가의 길을 걷게 된 여성 활동가들의 고충과 비전을 공유하는 네트워크도 활발히 운영되고 있다. 비건 음식을 함께 찾아다니는 소모임에서부터, 동물권 침해 현장을 직접 고발하는 시민과 활동가들의 치열하면서도 자발적인 연합 모임까지. 새로운 세대의 활

청년유니온 주최 프리랜서 연말 파티 (출처: 청년유니온)

동은 훨씬 다채롭고 역동적이다. 그동안은 주로 제도 개선 방법과 정책적 성과를 정리하는 데 많은 에너지를 쏟아왔다면, 이제는 '어떻게 모임을 설계할 것인가'라는 질문에도 충분히 역량을 투여해야 할 때다. 기획의 섬세함

이 더해질수록 사람들은 오래 머물고, 관계는 두터워지며, 연대는 더 단단해진다. 그리고 그렇게 고군분투 끝에 뜻 있는 시민들이 모이고, 그 속에서 에너지가 축적되면 활동가들에게는 그 무엇과도 바꿀 수 없는 보람이 찾아올 것이다. 결국 이러한 작은 모임들이 모여 사회의 변화를 앞당기는 힘이 될 것이며, 청년 활동가들의 도전은 그 길을 한 걸음씩 열어가고 있다.

포스트 페이스북은 어디에
- 홍보에 관하여

　세상에는 수많은 문제가 산적해 있고, 그 정보의 범람 속에서 우리의 활동이 시민들에게 다가가기 위해 가장 중요한 과제는 단연 '홍보'다. 기획의 한 갈래라 할 수 있지만 많은 단체들이 홍보를 별도의 사업으로 구분할 만큼 비중이 크다. 특히 2025년 현재, 홍보의 핵심 채널은 SNS라 할 수 있다.

　처음부터 초를 치는 건 아닐까 싶지만, SNS 활용은 여전히 시민사회가 풀지 못한 난제다. 계엄과 조기대선 국면에 대응했던 '윤석열 물어가는 범청년행동' 역시 연대체였음에도 페이스북, 인스타그램, 트위터(X)를 개설해 운영했지만, 고관여자가 아니고서야 누구에게 효과를 보았는지 전혀 알 수 없는 초라한 성적표를 받았다. 모두의 관심사는 SNS지만 정작 명쾌한 전략을 확립한 단체는 드물다. 플랫폼을 고르는 일부터가 고민이다. 20대 주요 SNS 사용 순위에서 밀려난 페이스북은 공을 들여도 성과가 제한적이고, 트위터는 이용자가 한정적일뿐더러 빈번한 업로드가 부담으로 다가온다. 유튜브는 영향력이 크지만 제작 과정에 과도한 품이 든다. 상업적 조직이 인스타그램을 통해 성공한 사례는 많지만, 시민사회와 결합했을 때 같은 성과를 낼 수 있을지는 여전히 물음표로 남아 있다.

페이스북 이용자가 많던 시절은 시민사회 SNS 활용의 전성기였다. 긴 텍스트와 사진을 함께 배치할 수 있었고 댓글을 통한 소통도 가능했으며 무엇보다 무료였다. 게시글 하나만 잘 올려도 수천 건의 공유로 시민들에게 이슈를 빠르게 알릴 수 있었기에, 언론사에만 기대야 했던 과거와는 전혀 다른 지형이 열렸다. 성명서와 보도자료로 글쓰기에 익숙한 활동가들이 조금만 글을 부드럽게 다듬어 게시하면 텍스트와 이미지의 조합을 통해 의미 있는 활동을 소개하고 시민과 공감대를 형성할 수 있었다. 나의 형, 故 이한빛 PD의 문제를 해결하는 과정에서도 이 점은 분명하게 드러났다. 기자회견을 하루 앞두고 故 이한빛 PD와 유가족들이 경험했던 방송업계의 구조적 부조리함을 고발하는 게시글이 1천 회 이상 공유되며 포털 실시간 검색어에 오르는 주목을 받았고, 이는 SNS

가 시민사회에 얼마나 강력한 채널이었는지를 보여주는 장면이었다.

그러나 2010년대 후반으로 접어들며 페이스북 이용자는 급격히 줄어들었고 그만큼 조회수와 반응도 빠르게 감소했다. 인스타그램은 상대적으로 유저가 늘었지만, 이미지 중심의 구조 탓에 사회적 의제를 설명하기는 쉽지 않았다. 카드뉴스를 제작해 올려보기도 했지만 사적인 분위기가 강한 인스타그램 특유의 성격과 맞지 않아 팔로워를 늘리는 데는 한계가 분명했다. 결국 정보의 홍수 속에서 사회적 의제에 관심이 있는 시민조차 시민단체 계정에 닿기 어려운 현실이 도래하고 말았다.

물론 트위터의 영향력은 여전했다. 특히 윤석열 퇴진 정국 시기에는 큰 역할을 해냈다. 농민들의 트랙터 시위에 연대하며 경찰의 진압을 이겨낸 이른바 '남태령 대첩'[1]에서도 시민을 모아내는 주요한 채널이었다. 레거시 미디어보다 신속하게 정보가 오가는 트위터의 특성은 윤석열의 계엄령 공표 이후 시시각각 소식을 전달하고 누구보다 빠르게 광장으로 사람을 모을 수 있었다. 수백만 명의 시민이 군집하는 집회의 흐름에서 다소 소외될 수 있

---

[1] 2024년 12월 21일, '전국농민회총연맹'의 '전봉준투쟁단' 트랙터 시위가 남태령 고개에서 경찰에게 막히자, 수천 명의 시민들이 영하권의 혹독한 추위 속에서 1박 2일 투쟁에 참여하며 응원봉 연대의 상징적 집회로 자리매김했다.

는 목소리를 꺼낼 수 있는 공론장의 역할도 수행했다. 이러한 성과를 바탕으로 트위터 이용법에 대한 시민사회 차원의 다양한 고민과 개발 시도도 이어졌다. 그러나 정보의 휘발성이 강하고 이용자들이 친화적인 커뮤니티의 정보에만 집중하는 경향이 커서 사회적 의제를 확장하는 데에는 한계도 일부 보였다.

이제는 거의 모든 국민이 이용하고 있는 유튜브는 시민사회에 풀리지 않은 숙원의 과제처럼 남아 있다. 미디어의 전형을 무너뜨리고 각종 선전, 선동의 메카가 되어버린 유튜브의 대중적 영향력은 부정할 수 없다. 각종 SNS로 홍보해도 목표액이 요원하던 후원 기획을, 유튜버 김어준 씨 채널에 출연하면 하루 만에 채울 수 있다는 말이 농담 반 진담 반으로 전해진다. 동시에 '부정선거론'처럼 근거가 불명확한 기이한 의제가 엄청난 속도로 확산되는 공간이기도 하다. 아슬아슬한 줄타기와 힘겨루기가 이뤄져야 시민사회와 정치의 관계가 건강해지지만, 영향력 있는 유튜브 채널은 정치 분야에 일방적으로 쏠려 있다. 정치 유튜버의 생태계는 자극적이고 정파적일수록 오래 살아남기 마련인데, 건강한 공론장과 다양성을 지향하는 시민사회의 '순한 맛' 목소리는 시청자에게 호응을 받기 어렵다. 가장 접근성이 좋은 채널이 등장했음에도 의미 있는 이야기를 전달할 기회를 확보하지 못하고 있는 것이다.

  2010년대 이후에는 '팟캐스트'나 잠시 유행했던 '클럽하우스'를 시도하는 움직임도 있었다. 팟캐스트는 유튜브처럼 '매운 맛' 콘텐츠가 아니어도 흥행할 수 있는 채널이었지만, 흥하지 못한 이유 또한 비슷했다. 바로 품이 너무 많이 든다는 점이다. 가뜩이나 인력이 부족하고 1인 다역이 당연한 시민사회에서 라디오 프로그램 수준의 기획은 버겁다. 방송국에는 전업 작가가 있지만 활동가는 다른 일을 겸하면서 대본을 써야 하니 규모가 큰 일부 단체를 제외하고는 지속하기가 힘들다. 유튜브는 음성과 더불어 영상까지 준비해야 하니 더더욱 벅차다. 꾸준하지 않으면 살아남기 어려운 생태계에서 불규칙하게 운영하니 구독자는 늘지 않았고, 반응이 저조하니 자연스럽게 여력을 팟캐스트나 유튜브 제작에 쓰기도 부담스러웠다. 현장에서 느끼기에는, 페이스북이나 트위터에 활동 소식을 정리해서 올리는 일과는 천양지차인 셈이다.

  부정적인 평가가 이어졌지만, 그래봐야 이런 시기는 10년도 채 되지 않았다. 사실 어떤 일이든 오르내림이 있기 마련이다. 페이스북이든 트위터든 유튜브든, 시민사회가 능숙하게 활용할 때도 있었고 그렇지 못할 때도 있었다. 지금의 척박한 환경을 안타까워할 수는 있겠지만, 시민과 소통할 수 있는 가장 최선의 수단인 SNS 기획을 외면하거나 미룰 수는 없다. 새로운 채널이 저절로 등장하기를 기다릴 수 없으니, 지금 조건에서도 어떻게 반등할지를 적극적으로 고민해야 한다. 시민사회에는 화제성을 노린 셀럽 유튜버나 대중적 파급력이 큰 채널은 부족하지만, 다행히 시민들에게 꼭 필요한 콘텐츠는 이미 차고 넘친다. 비유하자면 잠재력이 넘치는 상품은 이미 준비되어 있으니, 이제는 마케팅과 브랜딩 역량만 제대로 갖추면 언제든 시민들에게 닿을 수 있는 것이다. 예를 들어 전세사기 소식을 듣고 불안에 떠는 세입자라면, 단순히 트렌드에 맞춰 영상을 만든 부동산 유튜버보다 현장에서 부딪치며 구제책을 마련해 온 주거권 단체의 정보가 훨씬 실질적일 것이다. 하지만 현재는 전자의 콘텐츠만 눈에 띄는 것이 현실이니, 이것이야말로 시민사회의 한계라 할 수 있다.

그렇다면, 한계를 넘어서기 위한 과제로서 우리의 풍부하고 의미 있는 내공과 콘텐츠를 어떻게 매력적인 콘텐츠로 가공할 것인가가 중요할 테다. 시간과 노력을 들여 방식을 찾아낼 수만 있다면, 누구도 독점할 수 없는 공용 자원이 되어 함께 활용할 수 있을 것이다. 문화기획자이자 활동가인 최모 씨에게 받은 좋은 아이디어 제안이 있어서 잠시 소개하자면, 요즘 인스타그램 릴스나 유튜브 쇼츠, 틱톡 같은 숏폼 영상의 상당수는 사람이 직접 제작하지 않는다고 한다. 1분 남짓한 영상은 결국 물량 공세가 성패를 가르기 때문에, AI에 매력적인 콘셉트와 편집 방향만 입력하면 원소스를 바탕으로 수십 편을 손쉽게 만들어낼 수 있다는 것이다. 해시태그를 적절히 붙이면 알고리즘에 노출되기도 쉽다. 시민단체들은 평소에도 다양한 방식으로 텍스트와 이미지를 가공해 왔다. 페이스북이나 트위터 게시물, 회원 뉴스레터, 토론회 발제문까지 종류도 다양하다. 이를 숏폼 영상의 문법에 맞게 틀로 만들고 이미지와 텍스트를 입혀 짧은 콘텐츠 한 편이 자동으로 제작되도록 AI를 설계해 두면 실무 부담을 현저히 줄일 수 있다. 물론 AI를 활용하든 아니든 미디어를 위한 기획, 템플릿 구성, 브랜딩, 코딩 등 전문성이 필요한 영역은 개별 단체가 혼자 떠안을 수는 없다. 또한 단시간에 성공법을 찾아낼 수도 없다. 성공한 유튜브 채널의 상당수가 수년이 넘는 무명의 시간을 견뎠다고 한다. 시민사회의 미디어 기획도 단시간에 흥행하지 못한다고 해서 실력이 부족하거나 그만둬야 한다고 판단하기보다, 물이 들어올 때까지 버티고 준비하는 시간과 꾸준한 실험이 필요하다. 다만 물적·시간적 자원과 노력을 투여할 수 있는 개별 조직은 적어도 비영리 조직 내에서는 손에 꼽을 만큼 적다. 결국 미디어 기획은 각개전투를 할 것이 아니라 시민사회 전반이 공동 기획으로 추진해야 실질적인 효과를 낼 수 있을 것이다.

대중 미디어의 흐름은 텍스트에서 이미지와 영상으로, 조직 중심에서 인플루언서의 영향력 중심으로 바뀌고 있다. 이 변화는 시민사회의 생태계와 점점 더 멀어지는 듯하다. SNS 활성화를 위해 애써도 뚜렷한 성과를 얻지 못할 수도 있다. 하지만 이 영역에서야말로 실패조차 자산이 된다. 활동가들이 모이는 자리에서는 SNS상에서의 다양한 시도와 좌절의 경험담이 오가는데, 덕분에 같은 시행착오를 반복하지 않아도 되니 그 자체로 값지다. 탄핵 정국 당시 놀라운 모금을 이끌어낸 전태일 병원 건립 기금 사례도 그렇다. 이는 단체가 SNS를 능숙하게 다뤘다기보다, '말벌 동지'라 불리는 2030 여성들의 자발적인 트위터 연대와 병원의 명확한 슬로건이 맞물려 만들어낸 성과였다. 즉, 실패만 있는 것은 아니다. 결국 사례 하나하나를 면밀히 검토하고 시민사회에 적합한 SNS 활용법을 함께 찾아가는 일이 앞으로의 과제다.

오늘날 SNS는 가짜뉴스와 과격한 선동으로 부정적인 인상을 주기 쉽다. 그러나 그 속에서도 공익적이고 시민에게 꼭 필요한 이야기를 담아낼 수 있다면, 그것은 단지 시민단체의 전파력이 좋아진다는 의미 이상의 가치를 창출하는 것일 테다. 그렇기에 시민사회가 호기심과 기대를 안고 SNS 기획에 도전해 볼 이유는 충분하다.

내 삶의 안전망을 스스로 만들 수 있다면
- 정책에 관하여

    나는 20대 동안 아홉 번 이사를 했다. 요즘 청년에게는 그리 놀라운 숫자도 아니다. 세입자를 위한 주거 정책이 사실상 실패한 대한민국에서, 성인이 되어 독립을 선택한다는 건 곧 불안정한 이사 생활을 감당해야 한다는 뜻이기 때문이다. 반지하, 옥탑방, 1.5평짜리 기도실 같은 단칸방, 셰어하우스 등 '집'이라고 부르기 어려운 공간을 전전하는 건 당연했고, 지네나 곱등이가 나와도 어느 순간부터는 놀라지도 않았다. 월세를 아끼느라 단 한 번도 혼자 살아보지 못해 독립의 가장 큰 장점인 프라이버시조차 누릴 수 없었다. 다행히 일반적인 경로와 다른 점이 하나 있었다면, 20대의 끝자락에 '사회주택'을 주제로 활동하는 '민달팽이주택협동조합'과 인연을 맺게 되었다는 점이다.

문과 출신인 내가 갑자기 집을 짓고 운영하는 일을 맡게 되니 기술적인 부분에서 매일 난관을 겪었다. 그러나 '청년에게 어떤 집이 필요한가'라는 질문에 대한 대답만큼은 자신 있었다. 1인 가구로 독립할 때 무엇이 막막한지, 원룸·투룸·셰어하우스 등 여러 유형의 주택에 살 때 무엇이 필요한지, 직접 살아보며 체감한 문제들을 잘 정리하는 것이 곧 나의 과업이었기 때문이다. 내 감각이 부족하더라도 비슷한 고민을 가진 활동가와 친구들이 곁에 있었기에 수요를 확인하고 해법을 찾는 일은 어렵지 않았다. 그렇게 사회주택을 한 채 한 채 공들여 공급하고 운영했다. 입주자들의 일상이 조금씩 나아지는 모습을 보면서 나 역시 부러움이 가득 차 자연스럽게 '나도 저 집에서 살고 싶다'는 마음이 생겼다. 결국 입주 절차가 마무리된 뒤 대기 순번 마지막으로 지원했고, 몇 년을 기다린 끝에 지금 내가 사는 집에 입주할 수 있었다.

잠깐 집 자랑을 하자면, 지금 살고 있는 사회주택은 혼자 사는 집에서 누리기 어려운 편리함이 가득하다. 커뮤니티실에 대형 이불 세탁기, 건조기, 에어드레서가 갖춰져 있어 세탁소에 갈 필요가 없다. 평소에는 자주 쓰지 않더라도 스무 명의 1인 가구가 함께 나누면 부담은 줄고 활용도는 높아진다. 빨래뿐 아니라 대형 냉장고, 프린터, 심지어 옥상의 루프탑 시설까지도 마찬가지다. 명절에 들어온 먹거리를 대형 냉장고에 보관하거나 이웃과 나눌 수 있고, 인쇄 한두 장을 위해 카페를 찾을 필요도 없으며, 날씨가 좋으면 남산타워가 보이는 최고의 루프탑 캠핑을 누릴 수도 있다. 이런 공용 시설 덕분에 커뮤니티 시설을 자주 오가며 자연스럽게 이웃과 인사를 나누고 친구가 되기도 한다. 낯선 이웃 때문에 불안할 필요도 없고, 오히려 서로에게 든든한 안전망이 되어준다. 팔불출처럼 1박 2일 동안 자랑을 계속 늘어놓을 수 있지만 이쯤하자. '민달팽이주택협동조합'이 과감하게 공용 공간에 설비를 투자하고 주거 커뮤니티 방향을 수립할 수 있는 이유는 함께 일하는 동료 활동가 모두가 세입자라는 신분으로서 일상을 공감하고 현실적으로 어떤 문제를 해결하면 좋은지 감각하고 있었기 때문이다.

사회주택 입주민들과 함께 꾸미고 이용 중인 루프탑 공유공간

내 삶의 안전망을 스스로 만들 수 있다면- 정책에 관하여

활동가의 일은 겉보기엔 잡다해 보여도 결국 좋은 제도와 더 나은 세상을 만드는 일로 이어진다. 임대사업을 맡는 '민달팽이주택협동조합'의 활동가조차 '애드보커시'의 영역에 포함될 수 있다. 사회주택이라는 낯선 제도가 자리 잡으려면 시민을 설득할 논리와 사례가 필요하다. '달팽이집'이 입주자에게 진심으로 만족스러운 집이 된다면, 사회주택 정책은 힘을 얻게 되고 여러 모델 중에서도 중요한 기준으로 자리매김할 것이다. 직접 제도를 만들고 권리를 보장하는 일부터, 현장에서 사례를 발굴하고 시민의 의견을 모아 정책의 실행을 살피는 일(모니터링)까지, 모두 정책 활동이라 부를 수 있다.

활동가의 주요 직무 중 하나인 '정책'은 저연차 활동가들에게는 특히 더 딱딱하고 어렵게 느껴진다. 경력이나 내공이 오래 쌓여야만 다룰 수 있다고 생각하기도 한다. 그러나 돌이켜 보면 정책이야말로 활동가만이 누릴 수 있는 직업적 특권 중 하나가 아닐까 싶다. 국가와 제도는 본래 느리게 움직이는 게 정상이다. 활동을 하지 않는 시민 입장에서는 당장 내 문제 혹은 주변의 이슈가 언제 해결되는지 알기 힘들고, 변화가 만들어지는 과정 역시 쉽게 이해되지 않는다. 뉴스에 매일같이 등장하는 사안조차 법이 바뀌고 현장에 적용되기까지는 오랜 밑바닥의 노력이 필요하다. 대부분의 시민이 할 수 있는 일은 정치인에게 호소하거나 인터넷에 의견을 남기고 투표에 참여하는 것 등이다. 그 정도도 결코 쉬운 일이 아니다. 하지만 청년 활동가로 살아가면 이야기가 달라진다. 내 삶의 안전망을 스스로 설계할 수 있고, 주변의 일상을 지키는 방법을 직접 찾아낼 수 있다. 막막하게만 보이는 미래보다는 비록 불완전하더라도 단계별로 나아가는 길을 확인할 수 있다는 점에서, 훨씬 더 선명하게 내일을 준비하고 기대할 수 있다. 활동가에게는 그 과정을 상상하고 설계할 권리와 책임이 동시에 주어지며, 이는 고단하지만 결코 가볍지 않은 '특권'이다. 내가 사랑하는 사람들의 삶을 직접 바꾸는 내용을 스스로 '선택'할 수 있다는 사실 그 자체로 특별하기 때문이다.

예컨대 산재사고로 하루에 7명의 노동자가 퇴근하지 못하는 현실에서, 내 가족과 이웃을 지키고 싶다는 열망을 가진 청년 활동가가 있다고 해보자. 그는 '중대재해처벌법'이나 '산업안전보건법' 같은 제도의 의미와 함께 노동 및 시민사회가 만들어온 산재 방지 가이드라인과 역사적 맥락을 함께 이해할 수 있다. 그러나 정작 내 가족이 일하는 곳이 5인 미만 사업장일 수도 있다. 너무 작은 기업에서 일하는 노동자는 집단적 목소리를 내기도 어렵고, 위험에 그대로 노출되는 경우도 많다. 이때 활동가는 새로운 선택을 감행할 수 있다. 제도가 포괄하지 못하는 현실을 드러내고, 공론장에서 대안을 찾으며, 현장의 사례를 정책으로 연결하는 고민을 이어가는 것이다. 중요한 것은 거기서 멈추지 않고 구체적인 계획을 세우는 단계까지 나아간다는 점이다. 오늘날 한국 사회에는 정부·정치와 시민사회가 서로 협의하고 논쟁할 수 있는 제도적 구조가 촘촘히 마련되어 있다. 청년 활동가는 이러한 채널을 누구보다 가까이서 활용하며, 현재 제도의 한계를 확인하고 다음 단계에서 무엇이 필요한지를 제안할 수 있다. 법률의 개정과 정책의 보완 과정에서 청년 활동가들은 신속하고도 집요하게 대응한다. 또한 현장에서 체득한 감각을 바탕으로 제도가 놓치고 있는 빈틈을 발견하고 이를 채우기 위한 연대와 실천을 조직해 낸다. 결국 활동가란 단순히 현실을 비판하는 존재가 아니라, 내일을 조금 더 안전하고 정의롭게 바꾸는 실질적인 설계자이자 실행자인 셈이다.

"절이 싫으면 중이 떠나라"는 말이 있지만, 오래 몸담아 온 공동체에서 떠나는 것만이 유일한 선택지라면 그것은 건강한 상황이 아니다. 더구나 새로 갈 절조차 없어 발이 묶인 중도 있을 것이다. 그렇다면 공동체의 문화를 바꾸는 선택지도 당연히 존재해야 한다. 시민들의 일상을 지키는 가장 확실한 방법은 제도다. 활동가는 그 제도의 내용을 직접 고민하고, 변화를 만드는 과정을 설계하며, 그 모든 것을 스스로 판단하고 선택할 수 있다. 특히 이 모든 과정을 혼자만 감당하지 않아도 되기에, 외롭지 않게 긴 시간을 견딜 수 있다. 이렇게 작지만 소중한 변화가 만들어질 때, 다른 어떤 직장에서도 경험하기 힘든 깊은 감동을 맛볼 수 있다. 그것이야말로 특권이 아닌가.

'정책'을 단일한 업무로 떼어놓기는 어렵다. 시민의 삶과 제도는 톱니바퀴처럼 맞물려 있기 때문이다. 그렇기에 정책은 활동가에게 가장 기본적인 '재료'이며, 여기에 다양한 방식과 도구가 더해져야 비로소 일상의 변화를 만들어내는 '요리'가 완성된다. 시민 합의를 이끌어내기 위해 캠페인을 벌이고, 공론장을 열어 민의를 모으며, 현장의 목소리와 법률, 연구 결과를 종합해 성과물을 만들어내야 한다. 때론 국회와 정부를 설득하거나 로비하는 과정이 필요하기도 하다. 그러나 결국 어떤 재료에서 출발해 어떤 음식을 만들지는 활동가 스스로 결정할 수 있다. 단순히 "세상을 더 나아지게 하자"라는 추상적 구호를 넘어, 일상을 지켜주는 제도를 구체적으로 그릴 수 있는 것이다. 저연차 활동가에게 정책 업무는 벅찬 압박으로 다가오곤 한다. 하지만 그것이 내 삶의 안전망을 직접 설계하는 과정이라고 받아들인다면, 두려움보다는 기대감을 품고 한 걸음씩 나아갈 수 있다. 그렇게 쌓인 경험은 어느새 사랑하는 사람들의 삶까지 지켜내는 힘으로 이어질 것이다.

내 삶의 안전망을 스스로 만들 수 있다면 - 정책에 관하여

부록 2

공공과 다른 게 무엇인가요?

시민사회에서 어떤 의제가 가장 중요한지 순위를 매길 수는 없지만, 지난 계엄 정국과 제21대 대선 당시 제안된 '사회대개혁' 과제 가운데 '차별금지법' 제정의 필요성은 아마 많은 시민이 공감할 것이다. 극우주의 extreme right의 세계적 확산 속에서 우리나라 역시 여성, 성소수자, 장애인, 이주민 혐오에 기반한 정치가 공동체를 해치고 있다. 한국의 보수정당이 모두 극우주의자만으로 채워져 있는 것은 아니지만, 자극적 프로파간다는 단기적으로 인기를 얻고 선거에서의 승리 가능성을 높여주다 보니 극우주의에 상당히 많은 영향을 받아왔다. 문제는 이런 극우주의가 중앙정부의 정책뿐 아니라 지방정부의 세세한 운영에도 스며들고 있다는 점이다.

대표적으로 각 광역지자체에서 공공과 시민사회가 협력해 설립 및 운영하는 '중간지원조직'이 있다. 이들은 시민사회의 지속 가능성을 위해 단체 설립, 활동가 교육과 컨설팅, 사업 지원, 공간 운영 등을 맡아왔지만, 극우 성향 시장이 집권한 일부 지방정부에서는 어느샌가 차별금지법 관련 기획이 사라지고 있다. 물증은 없지만, 정권 교체 이후 나타난 현상이라는 점에서 공공 기조 변화와 무관하지 않을 것이다. 시민사회에서 가장 중요한 의제 가운데 하나를 배제한 채 '지원'을 말한다면 그것이 어떤 의미를 지닐지, 그렇게 배제된 시민들은 어떤 심정일지 상상하기조차 어렵다.

이는 중간지원조직 기획자나 현장에서 일하는 활동가, 혹은 지침을 따르는 일선 공무원의 잘못이 아니다. 다만 공공이 정치적 영향에서 자유로울 수 없는 구조임을 보여준다. 특히 양당 정치가 굳어진 한국에서는 선거 때마다 공공 기조가 바뀌는 상황이 반복된다.

공공과 시민사회 모두 '공익'을 위해 일하는 분야이다 보니, 때로는 일하는 '현장'이 겹칠 때가 있다. 그래서 현장에서 자주 "공공이 하면 되지, 왜 시민사회가 굳이 하느냐"라는 질문을 받는다. 예컨대 공기업 LH가 공공주택을 다 맡을 수 있는데 왜 '민달팽이주택협동조합' 같은 사회주택 민간 주체가 필요하냐, 사회복지시설을 굳이 민간에 위탁할 이유가 무엇이냐는 질문이 대표적이다.

이런 질문에 답하기 위해 공간 사업을 예로 들어보자. '계절의 목소리'는 전통적인 공간 비즈니스처럼 영리 공간으로 분류하기 어렵고, 그렇다고 서울시 세금으로 운영되는 '공익활동공간 삼각지'처럼 명백한 공공 영역의 공간도 아닌 애매한 위치에 있다. 민간이 운영하되 공익적 목적을 가진 이른바 '제3섹터'적 성격이다 (그마저도 유형화될 수 있을지 불확실하다). 어쨌든 세상에는 이미 수많은 공간이 있다. 정부와 지자체가 제공하는 회의실부터 민간의 코워킹스페이스, 스터디룸, 공유 주방, 파티룸까지 다양하며, '스페이스클라우드'나 '에어비앤비' 같은 플랫폼을 통해 쉽게 예약할 수도 있다. 이제는 활동을 기획하면서 "쓸 공간이 없어서 못 한다"는 말은 설득력이 없다.

그럼에도 불구하고 활동가 입장에서는 '우리의 공간'이라 부를 만한 곳이 거의 없다는 결핍을 느낀다. 공공 공간은 사용 제약이 많다. 행사가 주로 평일 저녁이나 주말에 몰리지만, 일찍 문을 닫는 곳이 많아 준비가 어렵고 음식 반입도 제한된다. 더 큰 문제는 행사 주제에 따라 대관 자체가 거부되기도 한다는 점이다. 가령 앞서 언급한, 극우 세력에 영향을 받는 모 지자체장의 공간에서 성소수자 관련 행사가 진행되는 것을 불허하며 논란이 일기도 했다. 공간 이용의 차원은 아니지만, 정치적 입장을 분명히 드러냈던 한 가수의 콘서트를 구미시가 정치적인 이유로 취소한 사례와도 비슷한 맥락이다. 정당 행사도 마찬가지이다. 이 경우는 반드시 지자체장의 성향을 타기보다는 공무원들이 애초에 조심스러워하면서 정당 색깔을 빼라고 요구하는 등 시민들의 다양한 기획에 불합리하게 간섭하곤 한다.

민간 공간도 대안이 되기는 어렵다. 가격 편차가 크고 시설 상태가 들쑥날쑥하며, 코로나와 경기 침체로 운영 자체가 어려운 곳도 많다. 또한 민간에서는 수익이 첫 번째 목적일 수밖에 없으니, 휠체어 접근성과 같은 다양한 시민 참여를 고려해 비용을 투자하는 것도 어려운 상황이다.

그래서 시민사회는 직접 공간을 만들고 싶어 한다. '여성주의적으로 시민을 환대하는 카페이자 누구나 편안할 수 있는 공간'을 상상해 보자. 슬로건, (성중립) 화장실, 장애 유무와 무관한 접근성, 차별과 혐오 없는 프로그램 운영 등은 공공사업으로는 정치나 재정의 제약 탓에 실현하기 어렵고, 민간 비즈니스에서는 이윤을 우선하는 구조상 구현하기 힘들다. 결국 이런 모델을 실험하고 완성할 수 있는 영역은 시민사회뿐이다.

시민사회는 개인의 사업이 아니라 다수의 시민이 연대해 만드는 조직이다. 초기 자본은 부족해도 동료들이 기획, 슬로건, 모금, 인테리어, 마케팅을 나누어 감당하고, 시행착오 속에서 지치고 무너질 때는 다른 팀이 손을 내밀어 함께 버틴다. 이렇듯 동료들에게서 비롯된 시너지는 시민사회의 강점이다. 그래서 펍, 카페, 독립서점, 공유 주방 같은 실험적 공간들이 꾸준히 시도되고 성공 사례로도 자리 잡았다.

참여연대, 경실련, 한국여성단체연합처럼 '애드보커시'와 '독립성'을 뚜렷이 유지하는 단체들은 애초에 공공과 겹칠 여지가 적다. 하지만 공공과 협업하거나 일부 중첩되는 영역에서 활동하는 시민사회는 "굳이 일을 중복해서 할 필요가 있냐"는 질문을 받기 쉽다. 그러나 주택 분야에서 보듯, 사회주택은 공공주택이 수용하지 않는 탈가정 청소년, 동성 2인 가구, 발달 장애인을 차별 없이 받아들이며 제도를 확장해 왔다. 특히 시민사회는 하나의 사례가 온전히 자리 잡으면 요거트 유산균처럼 다른 주체를 밀어주며 확산시킨다는 특장점이 있다. 분야를 넘나들며 새로운 의제를 발굴하는 것도 시민사회에 상대적으로 유리한 지점이다. 물론 공공-민간 협업을 혁신할 구조도 필요하지만, 동시에 시민사회 고유의 영역을 넓히고 '제3섹터'로 확실히 자리 잡는 과정 역시 못지않게 중요하다.

결국 공간空間은 한자의 뜻처럼 '비어 있는 곳', 곧 새로운 일이 일어날 수 있는 자리다. 우리는 거리와 광장에서 관계와 변화를 만들었고, 이제는 골목과 동네에서도 가능성을 이어가야 한다. 시민사회는 공공과 다른 고유의 역할을 구축하며 다음 단계로 나아갈 준비가 되어 있다.

4부
활동가의 여러 얼굴들

뉴스에 나오는 것만이 시민운동의 전부는 아닙니다

'계절의 목소리'를 준비하며 '시민운동의 새로운 모델'이라고 사뭇 그럴싸하게 강조했지만, 카페라는 종목이 폐업률이 워낙 높으니 지금 돌이켜 보면 무슨 자신감이었나 싶기도 하다. 그나마 믿을 만한 구석이 작게나마 있었다면, '계절의 목소리'가 '달팽이집'이라는 '사회주택' 건물에 자리 잡았다는 점이었다. 유명 연예인이 홍보대사인 것도 아니고, 공익적인 느낌의 사회주택이 뭐 그렇게 홍보 차원에서 가치가 있겠나 하는 의문도 있겠지만, 입주자를 대상으로 커뮤니티 프로그램을 연계한 사업이나 '심야 라운지' 같은 기획을 통해 사회적 가치 창출은 물론 고객과 매출을 일정 부분 확보할 수 있었다. 개장 이후 시행착오를 겪는 동안 버팀목이 되어준 것이다.

'사회주택'이라는 개념이 한국에 들어온 지 어느덧

10년이 지났다. 집을 알아본 사람이라면 한 번쯤은 들어본 용어일 것이다. 다만 행복주택, 안심주택, 역세권청년주택 등 정치인마다 주택 브랜드를 덧칠하다 보니 정책 자체가 복잡해진 탓에, 이 중에 사회주택이 무엇을 말하는지 제대로 아는 사람은 드물다. 한 문장으로 설명하면, 공공주택 중 LH와 같은 공기업이 아닌 민간 기업 및 비영리 단체가 공급 및 운영하는 집이 바로 사회주택이다. 군사독재 시절을 거치며 관료제가 공고했던 한국은 LH와 같은 공기업이 독점적으로 공공주택 정책을 펼쳤다. 공기업을 통해 대규모 공급에는 성공했으나, 님비로 인한 지역 내 고립 및 관리·운영 부실과 같은 문제가 발생했다. 그래서 뻣뻣하고 위계적인 공기업의 한계를 극복하고자 공익적 목적의 민간 조직들이 공공주택 정책에 참여하기 시작했다. 민간의 전문성이 가미되니 지역에 대한 이해도가 높아지고, 입주자 친화적인 운영을 하며 돌봄·교육·커뮤니티 등 다양한 주거 서비스를 제공할 수 있게 되었다. 그렇게 아파트든 원룸이든 셰어하우스든, 양질의 주택 정책을 위한 민간의 철학이 반영된 집 모두를 '사회주택'이라고 통칭하게 된 것이다.

지역과 공동체를 강조하는 사회주택은, 그 특성상 입주자들의 협동, 참여, 상부상조를 중시하는 '주택협동조합'의 형태로 운영되는 경우가 꽤 많다. 그중 '민달팽이주택협동조합'은 주거 문제를 고민하는 청년 세입자들이 평등한 주거 공동체를 이루기 위해 모인 조직으로, 전국 약 300세대의 달팽이집을 운영하며 사회주택 업계에서는 나름대로 역사가 깊은 편이다. 이러한 달팽이집에도 고민이 있다면, 지금까지 열심히 지은 집들에 입주민과 지역 주민이 함께 모일 수 있는 공간을 마련할 예산이 부족하다는 점이다. 프라이버시가 필요한 주택 공간 내에서 커뮤니티 프로그램을 매번 진행할 수는 없기에, 소모임·자치회·식사처럼 주거 공동체를 느슨하게 연결하는 프로그램을 진행하는 과정에 한계가 있었다. 이화여대 앞에 새롭게 공급하는 달팽이집에도 지난 집들의 아쉬움이 반복될 상황이었는데, 때마침 '계절의 목소리' 기획팀이 절묘한 타이밍에 달팽이집과 만나게 된 것이다.

그렇게, '계절의 목소리'와 '민달팽이주택협동조합'의 협동 프로젝트로 '공간 기획'이 시작되었다. 프랜차이즈 카페가 아닌 이상에야 24시간 운영하지는 않을 테니, 영업시간 이외에는 입주자들이 자유롭게 이용할 수 있는 라운지 공간으로 카페 공간을 활용하기로 했다. 사회주택이라고 하면 월세는 저렴하더라도 방은 좁고 전반적으로 품질도 낮을 것이라는 편견이 있지만, 이곳의 입주자들은 감성 카페 공간을 무료 심야 라운지로 이용할 수 있다. 영업시간에도 입주자들은 할인된 가격으로 주거 공간과 연결된 통로를 통해 카페를 편하게 이용하게 하자는 내용도 추가했다. '민달팽이주택협동조합' 입장에서는 이러한 공간을 직접 만들려면 공사비만 수천만 원에 운영 인건비까지 부담해야 하지만, 매달 소액의 정기 라운지 서비스 이용료만으로 비용 부담을 최소화할 수 있었다. '계절의 목소리' 입장에서도 초반에 안정적인 수입원을 확보하고 입주자들과 다양한 교류와 작당을 벌일 수 있으니, 양측 모두에게 너무나 이로운 협업이었다.

협업의 목적이 단순히 재정적 문제를 해결하는 데 있었던 건 아니다. '민달팽이주택협동조합' 차원에서도 의미 있는 새 프로젝트였기 때문에 조합원들 역시 많은 관심을 보였다. 잘 운영되는 협동조합의 흔한 일상이긴 하지만, 조합원들은 자발적으로 어떤 도움이 될 수 있을지 상의하고 참여하며 결국 공간을 꾸미는 작업을 함께하기로 했다. 페인트칠, 조명 설치, 레시피 개발, 입주 청소 등 준비 과정에서 조합원들의 소중한 마음과 참여 덕분에 더욱 순조롭게 개장까지 나아갈 수 있었다. 반상회 및 각종 커뮤니티 프로그램이 '계절의 목소리'에서 진행되며 지금도 시너지를 발휘하고 있다.

'민달팽이주택협동조합'은 엄밀히 따지면 임대사업을 하는 부동산 기업이다. 굳이 법적으로 분류하자면 '계절의 목소리'도 영리 사업을 하는 카페이다. '시민사회'라고

했을 때 흔히 떠오르는 이미지와는 다소 거리가 있을 것이다. 그렇다고 둘 다 공익적이지 않다든가 시민사회로 분류하기 어렵다고 보는 사람은 없다. 시키지도 않았는데 나서서 페인트칠을 하겠다는 마음들이 모인 조직, 그리고 그 마음을 잊지 않고 세상을 좋게 바꾸려고 노력하는 주체가 버젓이 활약하고 있으니 시민사회가 아니라면 달리 뭐라고 부르겠는가. 다만 세상이 달라지면서 시민사회의 형태도 다양해진 것은 분명하다. 현행법상 '비영리 법인'으로 분류할 수 있는지 없는지 같은 형식적 한계만 있을 뿐, 세상에는 여러 모습을 하고 사회를 바꾸고자 하는 조직과 시민 들이 지금도 고군분투하고 있다.

물론 '민달팽이주택협동조합'을 일반적인 부동산 임대사업자와 동일하게 분류할 수는 없다. 시민사회의 외연이 확장되면서 다양한 공익적 가치를 실현하는 '기업'의 형태들을 법적·제도적 틀에서 정돈하기 위해 업계 차원에서 노력해 왔는데, 대표적으로 제도화된 두 가지 모델이 바로 '사회적 기업'과 '협동조합'이다.

'사회적 기업'은 「사회적기업 육성법」(2007년 제정)에 근거하여 인증받은 조직으로, 취약계층 고용 창출, 지역사회 공헌, 사회 서비스 제공 등 사회적 목적을 추구하면서 수익 활동을 병행하는 기업이다. 주식회사든 유한회사든 법인의 유형과 무관하면서도, 수익의 일부는 사회적 목적 실현에 재투자해야 하는 구조를 지키는 것이 핵심이다. 정권에 따라 방침이 바뀌기는 하지만, 일반 영리기업에 비해 낮은 사업성을 보완하고자 정부의 재정 지원이나 세제 혜택이 제공되기도 한다.

'협동조합'은 「협동조합 기본법」(2012년 시행)에 따라 설립되며, 구성원들 공동의 경제적·사회적 필요를 충족시키기 위한 자발적 결사체이다. 조합원이 직접 출자하고 운영에 참여하며, 1인 1표의 민주적 의사결정 구조를 갖는다. 목적에 따라 '일반 협동조합'과 '사회적 협동조합'으로 구분되는데, '사회적 협동조합'은 더욱 높은 수준의 공익성을 요구받으며 '비영리 법인'으로 간주된다. 반면 '일반 협동조합'은 비교적 자유로운 설립이 가능하고 수익 배분도 허용된다. '민달팽이주택협동조합'처럼, '일반 협동조합'이긴 하지만 정관상으로는 '사회적 협동조합' 수준의 공익성을 유지하는 특이한 구조도 존재한다.

두 유형 모두 시장의 효율성과 시민사회의 연대성을 결합하려는 시도로 볼 수 있으며, 이처럼 다양한 제도적 기반 덕분에 시민사회는 더욱 구체적인 운영 형태와 언어를 갖추게 되었다. 최근에는 이 틀을 넘어 '비영리 스타트업'과 같은 새로운 유형도 등장하고 있으며, 이는 소셜섹터 내에서 혁신성과 사회적 책임을 동시에 추구하려는 시도라 할 수 있다. 이외에도 '임의단체', '비영리 민간

'민달팽이주택협동조합' 대의원 워크숍 (출처: 민달팽이주택협동조합)

단체'를 비롯한 여러 형태의 조직이 있고, '자조 모임'과 같은 시민들의 공동체 역시 시민사회에 다양하게 공존하고 있다. 여기에 더해 시민사회와 노동조합의 관계도 더욱 돈독해지며 일터에서의 변화까지 기대할 수 있게 되었다.

'사회적 경제'처럼 정확한 법적 용어나 학술적 개념으로 정의 내리긴 어렵더라도, 넓은 의미의 시민사회에 포함될 수 있는 다양한 조직의 모습도 등장하고 있다. '계절의 목소리'처럼 지역 곳곳에서 카페나 공간을 운영하는 단위도 있고, 다양한 어젠다나 시민사회 정보를 큐레이팅해 시민들에게 공유하는 '오렌지 레터' 같은 구독 서비스 및 플랫폼도 등장했다. 장애인의 웹페이지 접근성을 강화해 주는 서비스처럼 기술 개발을 통해 사회를 이롭게 만들려는 벤처의 형태도 보인다. 연구 분야에서도 시민운동적 성격을 가진 조직이 다양하게 등장했다. 청년들의 세대별 노동조합인 '청년유니온'과 같은 사무실을 사용하는 '일하는시민연구소'나 '불평등 물어가는 범청년행동'의 연대단체로 참여한 '신촌문화정치연구그룹' 등이 노동·청년 등 각 분야에서 싱크탱크 역할을 자임하며 시민사회의 다양한 담론과 어젠다를 분석하고 제공하고 있다.

엄격한 의미로는 단체가 아닐 수도 있다. 조직화된 모임의 방식으로도 활동은 벌어진다. 기후 위기를 극복하고자, 더 구체적으로는 취약한 환경에 처한 동물들을 보호하고자 자조 모임을 만들기도 하고, 제로웨이스트 가게를 목록화한 플랫폼을 개발하는 방식으로 쓰레기 줄이기에 동참한다. 트위터 같은 SNS에서 의기투합하여 집회에 나가는 등 직접적인 시민 참여 모임에서부터 홈리스에게 교육을 제공하는 야학 활동이나 마을을 기반으로 활동하는 주민운동도 시민사회라 볼 수 있다.

직업 활동가로든 참여 시민으로든, 우리의 상상력을 '비영리 법인' 같은 형식적 틀에 스스로 제한하지는 말자. 이미 시민사회는 근대적인 시스템의 틀을 넘어섰고,

때와 장소를 가리지 않고 시민의 일상 곳곳에 스며들어 가고 있다. 거리에서 열렬하게 투쟁가를 부르는 사람에게 적합한 일터의 형태, 신박한 기획으로 세상을 깜짝 놀라게 만들고 싶은 사람을 위한 혁신적 조직, 따뜻하고 다정한 사람들과 함께 모여 지역을 바꿔보고 싶은 모임 등, 뉴스에서는 보이지 않는 시민사회의 다채로운 모습들이 이미 당신 곁에 있다. 시민들은 아이스크림 가게에서 맛을 고르듯 적성에 맞는 조직을 선택하기만 하면 된다.

물론 100% 완벽한 것은 없다. 시민사회의 영역이 늘어나면서 선의를 가장하고 개인의 사익을 챙겨가는 경우도 늘고 있다. 사회주택 정책을 악용해 집을 짓고 입주자의 보증금을 돌려주지 않은 악덕 영리 사업자의 사례가 대표적이다. 다만 시민사회의 장점은 신뢰와 연대의 힘으로 그릇된 이슈들을 차근차근 해결할 수 있는 힘이 있다는 것이다. 사회주택 입주자의 보증금 미반환 사태 역시 다른 사회주택 기업들이 돈을 모아서 미반환 보증금을 대신 갚는 일을 해냈다. 생소한 시민사회 활동에 의심이 가는 건 어쩌면 인간이기에 너무나 당연한 일일지도 모른다. 하지만 우선은 반갑게 환대하며 연대에 서로 힘을 보탤 수 있도록 돕고 신뢰를 쌓아가는 과정을 거친다면 못된 마음을 먹고 들어온 업체들은 자연스럽게 걸러질 테다. 지금은 탄핵 정국을 거치며 시민들의 사회 참여가 익숙해지고 그것을 지속해 나갈 동력도 확보된 시대이다. 시민과 만나는 통로가 넓어지고 시민사회가 다채로워질수록 그만큼 사회는 더 단단해진다. 지금은 경계선을 긋는 대신, 사회적 가치를 향해 나아가는 더 많은 주체들을 동료로 받아들이고 서로 손을 맞잡아야 할 때다.

일터에서 이것도 할 줄은 몰랐네요!

 '계절의 목소리'를 지키고 있던 어느 휴일, 건물 전체에 화재경보기가 울리기 시작했다. 입주 이후 처음 겪는 일이었고, 하필 관리소장님도 없는 날이었다. 어찌할 바를 몰라 입주자들이 잠옷 차림으로 하나둘 건물 밖으로 나오기 시작했다. 그중 적극적인 몇몇은 카페로 올라와 대처 방법을 물었는데, 다행히 예전에 '민달팽이주택협동조합'에서 시설 관리 업무를 맡던 활동가에게 귀동냥으로 들은 이야기가 떠올랐다. 원인은 소방시설의 압력 스위치 오류로 인한 오작동이었다. 문제가 금세 파악되자 소동은 잦아들었고, 이후 시설 담당자와 소방업체가 함께 근본적인 원인을 해결할 수 있었다. 여기서 흥미로운 점은, 우리가 흔히 활동가라고 하면 거리에서 구호를 외치거나 토론회에서 정책을 논의하는 모습을 떠올리지만, 실제로는 소방·전기·수도·가전 등 각종 설비를 전문으로 다루는 활동가도 '민달팽이주택협동조합' 안에 있다는 사실이다.

　주거권 활동에서는 이런 일이 낯설지 않다. 전세 사기와 관련된 활동에서도 시설 담당 활동가의 도움이 무척 고마운 순간이 있었다. 전세 사기의 가장 큰 문제는 보증금 미반환이지만, 가해자가 입건되거나 잠적하면 건물 관리가 방치되는 경우도 많았다. 이를 해결하고자 '경기도 전세피해지원센터'가 피해주택 관리 실태 조사를 진행했는데, 내가 조사원으로 참여했을 때 침수로 인해 소방시설이 작동을 멈춘 건물을 발견했다. 이 문제는 단순히 기계가 고장 난 차원을 넘어선다. 법적으로는 과태료 대상일 뿐 아니라 실제 화재가 발생하면 경보음조차 울리지 않아 피해가 치명적으로 커질 수 있기 때문이다. 단순 조사로 끝낼 수 없는 상황이었다. 우리는 제보자와 상의해 내용을 정리했고, 센터를 통해 경기도와 기초지자체에 사안을 긴급히 전달했다. 전세 사기 문제는 법적 대응만 중요할 것이라 생각했는데, 뜻밖에도 소방 분야의 지식이 큰 역할을 하게 된 것이다.

　시민사회 활동을 위해 대중없이 잡다한 일을 다 떠안아야 한다는 뜻으로 꺼낸 이야기는 아니다. 내가 강조하고 싶은 건 사회적 경제, 소셜섹터, 플랫폼 등으로 시민사회가 확장하면서 직무와 직군 또한 그만큼 다양해졌다는 사실이다. 흔히 영리 기업에서 쌓은 직무 역량을 비영리 영역에선 살리기 어렵다고 생각하기 쉽지만, 오늘날 시민사회에서는 웬만한 역량은 거의 다 필요하다. 이를테면 숫자와 엑셀에 능숙한 사람은 수만 명의 후원자를 관리하거나 사회주택 임대료와 공과금을 정산하는 일에 탁월한 능력을 발휘한다. 요리를 잘하는 사람은 비건을 주제로 한 기획에서 큰 환영을 받고, 공인중개사 자격증은 세입자들이 임대차 분쟁에서 피해를 줄이는 데 중요한 역할을 한다. 디자이너나 개발자처럼 시대가 요구하는 기술은 시민사회에서도 똑같이 중요하다. 예시를 일일이 다 열거하자면 밤을 새워도 모자랄 만큼, 지금의 시민사회가 다양한 직무를 필요로 하고 있다는 점만은 분명하다.

당연히 '직무'라고 표현할 수 있는 전통적 구분법도 있다. 기획, 상담, 정책, 펀드레이징(후원·모금), 회계, 조직, 행정, 네트워킹, 애드보커시, 집필, 에디팅, 연구, 교육, 퍼실리테이터(공론장 진행), 커뮤니케이션, 프로모션, 디자인, 디렉팅, 캠페인 등이 대표적이다. 지금은 서비스가 종료된 '소셜뷰스'라는 공익활동가 커리어 플랫폼의 포트폴리오에도 이 같은 직무들이 주요하게 분류되어 있었다. NGO 역사가 오래된 서구권에서는 30여 가지 직무 체계가 자리 잡아 각 분야별 채용과 역량 개발이 이뤄지지만, 한국은 아직 데이터 축적과 정리가 필요한 상황이다. 그럼에도 분명한 사실은, 시민사회에서 일하고 싶다면 거의 모든 개인의 능력과 기술을 살릴 수 있을 만큼 다양한 직무가 존재한다는 점이다.

다만 과거보다 직무가 늘어난 만큼 혼란도 따른다. 어떤 역할은 재미있는 요소가 많고 활력이 넘칠 수 있지만, 또 다른 역할은 단조롭거나 노동 강도가 높을 수 있다. 또 어떤 직무는 특정 시기에는 필수지만 평소에는 크게 활용되지 못하기도 한다. 이 때문에 같은 조직 안에서도 어떤 사람은 업무를 빨리 마치고 여유 있게 퇴근하는 반면, 누군가는 과로로 힘들어하는 불균형이 생기기도 한다. 헌신이나 진정성, 대중성, 참신함 같은 모호한 잣대로 일이 배분되다 보면 서로에 대한 의심도 자라난다. 그럼에도 불구하고, 열어 놓는 원칙 자체를 포기해서는 안 된다. 세상은 빠르게 변하고 직업의 형태도 달라지고 있기 때문이다. 시민사회가 시민과 사회 전체와 함께 호흡하는 생태계라면, 다양한 방식의 일을 있는 그대로 연결하는 과정 자체도 굉장히 중요하다. 물론 내부의 갈등을 줄이고 균형을 잡기 위한 기준은 반드시 마련되어야 하겠지만 말이다.

마지막으로, 시민사회는 활동가만의 무대가 아니다. 다양한 시민이 각자의 직업과 능력을 기여하며 참여할 수 있다. 노래하는 사람은 집회를 풍성하게 만들고, 과학자는 쓰레기를 획기적으로 줄이는 일상적 방법을 제안한다. 한 단체의 회원은 텔레마케팅 경험을 살려 매년 후원자들에게 감사 전화를 대신하고 있는데, 전업 활동가보다 더 원활하게 소통하며 회원 만족도를 높이고 조직의 재정도 안정화시키고 있다. 이처럼 직무에 대한 고정관념만 내려놓는다면 시민사회는 수많은 직업이 협업할 수 있는 열린 공간임이 분명하다.

코로나19 시국에 회원 간 온라인 송년회를 위해
인터넷 방송을 하는 활동가 (출처: 저자)

일터에서 이것도 할 줄은 몰랐네요!

대체로 사람들은 시민사회를 떠올릴 때 '띠 두른 활동가'나 '집회 무대 위의 달변가'를 생각한다. 하지만 실제로는 집회 참여나 정책 기획, 모금 활동에 그치지 않고 "이런 일까지 시민사회에 필요해?"라는 말이 나올 만큼 다양한 영역이 열려 있다. 결국 사람은 누구나 자기만의 전문성과 재능이 있고, 협동을 통해 그 가치는 배가된다. 시민사회는 오늘도 소중한 참여를 기다리고 있다. 혹시 생소하다고 주저하는 이들이 있다면, 직업 활동가로든 시민 참여자로든 이미 당신의 능력은 세상을 바꾸는 데 필요한 준비가 되어 있음을 기억해 주기를 바란다.

띠 두르는 투쟁부터 유튜브 쇼츠까지

 '이한열 소셜펠로우십'이라는 활동가 직접 지원 프로그램의 펠로우 가운데는 울릉도에서 '플로깅'(걷거나 달리면서 길가의 쓰레기를 줍는 환경 보호 활동) 사업을 운영하는 정대웅 활동가가 있다. 이한열 열사를 떠올리며, 러닝 크루들이 이따금 모임 콘텐츠로 활용하곤 하는 플로깅을 연상하는 사람은 거의 없을 것이다. 하지만 소셜펠로우십 심사위원들에게 중요한 것은 콘텐츠의 이름이 아니었다. 1987년 민주화 운동의 상징이 된 이한열 열사가 과거에만 머무르지 않고 현재 속에서 온전히 기억되기 위해서는 '오늘의 민주주의'를 고민하는 일이 더 본질적이었다. 대통령 직선제를 넘어 불평등과 차별 없는 사회, 더 구체적으로는 지역 분권과 시민 참여 같은 과제가 민주주의와 직결된다. 울릉도라는 비수도권 지역에서 기후 위기를 함께 고민하고 즐겁게 참여할 수 있는 프로그램을 기획하는 것도 충분히 민주주의를 확산하는 활동이 되는 것이다.

그렇다면 시민사회 활동가가 하는 '기획'은 어떤 모습일까? 많은 사람들이 먼저 떠올리는 것은 집회 현장의 '팔뚝질'일 것이다. 기획 사업이라고 보기는 어렵지만, 계엄령 당일 여의도로 진입하는 계엄군을 용기 있는 시민들이 가로막은 장면이나 크레인 위 수십 미터에서의 고공농성도 기억날 수 있다. 모두 맞는 답이다. 벼랑 끝에 몰린 시민들의 손을 붙잡고 최전선에서 싸우는 일을 기획하는 사람들이 활동가임은 분명하다. 그러나 여기에 하나를 더 보태야 한다. 어제는 머리에 띠를 두르고 투쟁을 이끌던 활동가가 오늘은 유튜브 쇼츠를 찍고 있다는 사실을. 다른 분야 조직의 이야기를 모은 것이 아니다. 고되(?) 보였던 바로 그 활동가가 곧바로 크리에이터가 되는 것이다.

윤석열 탄핵 집회를 떠올리면 가장 먼저 기억나는 상징물은 아이돌 응원봉이다. 집회 콘텐츠라 하면 구호와 민중가요, 무대 위 발언이 전형적이었지만, 지난 계엄 정국에서는 청년들이 자신이 가장 아끼는 응원봉을 들고 집회에 나오기 시작했다. 만약 계엄령이 유지되었다면 단순히 노래만 부를 수는 없었겠지만, 곧 해제되면서 집회의 기획은 시민들의 변화와 기대를 빠르게 흡수할 수 있었다. 특히 청년 활동가들을 중심으로 〈다시 만난 세계〉(소녀시대), 〈한 페이지가 될 수 있게〉(DAY6) 같은 아이돌 노래들이 집회에 접목되었고, 불과 몇 주 만에 집회의 풍경이 완전히 새롭게 바뀌었다. 물론 치열한 투쟁의 현장에서는 여전히 진중한 기획이 이어지고 있음은 두말할 필요가 없다.

시민사회의 기획은 상상 이상으로 다채롭다. 예컨대 윤석열 퇴진 집회에서 시민들에게 힘을 준 '4.16 주먹밥'은 세월호 유가족과 자원봉사자들이 함께 만든 연대의 상징이었다. 광주 5.18 민주화운동 당시의 '대동 사회'가 떠오른 이도 있었을 것이다. 어떤 날은 거리에서 참사의 반복을 막기 위해 싸우고, 또 어떤 날은 요리 실력을 뽐내며 서로를 격려한다. 아이돌 공연을 위해 밤새 줄을 섰던 팬들의 경험은 추운 겨울 한남동 거리에서 '키세스 부대'가 혹한을 버티는 힘이 되었다. 실시간 영상 촬영에 익숙한 시민들은 계엄 포고령의 압박 속에서도 현장을 기록하며 계엄군이 선을 넘지 않도록 견제했다.

비단 탄핵 국면에 한정하지 않더라도 시민사회가 만들어내는 기획의 다양성은 쉽게 찾을 수 있다. 앞서 소개했던 '이한열 소셜펠로우십' 3기 펠로우 강화경(활동명 시시)은 음악으로 시민운동을 하는 활동가다. 어느 날은 산재로 세상을 떠난 노동자를 추모하고 안전 관리에 책임을 다하지 않은 회사를 규탄하는 추모대회에서 투쟁가를 부르고, 다음 날은 청소년 및 발달장애인 들과 함께 가사를 쓰고 노래를 만든다. 방송 노동자의 권리를 지키는 '한빛미디어노동인권센터' 역시 故 이한빛 PD를 추모하고 방송 현장의 부당한 권리 침해에 맞서 치열하게 싸우는 한편, 이모티콘과 웹툰을 제작해 방송 종사자들과 소통해 왔다. 이처럼 시민사회의 활동은 서로 다른 결을 지녔지만, 어느 한쪽을 더 '진짜' 운동이라 평가하거나 덜 중요하다고 말할 수 없다. 격렬한 투쟁이든 일상과 맞닿은 창의적 실험이든, 모두가 온전히 '활동'으로서 같은 무게를 지니는 것이다.

이한열 열사 추모 공연을 하는 시시 활동가 (출처: 이철빈)

시민들의 일상에서 공기처럼 이어지는 다양한 기획들도 놓칠 수 없다. 때로는 뜻밖의 장소에서 시민사회의 새로운 시도를 만나기도 한다. 개인적으로 좋아하는 동네인 서촌에서 어느 날 우연히 들어간 인도 음식점 '사직동 그 가게'는 단순한 맛집이 아니었다. 안에는 티베트 난민 여성들의 수공예품이 진열되어 있었고 한 켠에는 책방 공간도 마련되어 있었다. 알고 보니 티베트 난민의 자립을 돕는 NGO '록빠ROGPA'라는 팀의 프로젝트였던 것이다. 전주에서도 비슷한 경험이 있었다. 출장이 잦아 남부시장 명소인 '청년몰'에 종종 들르는데, 어느 날 동행한 활동가를 따라 들어간 '책방 토닥토닥'은 독립출판물과 페미니즘, 성소수자 인권에 관한 책을 소개하며 독서 모임을 여는 활동가들의 아지트였다. 입구부터 전세 사기 이야기가 펼쳐져 있었다.

　이제는 독자 여러분도 아시겠지만, '계절의 목소리' 역시 단순한 카페가 아니다. 대학생, 사회주택 입주자, 프리랜서 활동가들이 함께 운영하며, 세월호 10주기에는 '4월의 사진관'이라는 참여형 프로그램을 기획해 인스타그램에 사진을 공유하고 숏폼을 제작했다. 스타벅스처럼 하루 수백 명이 오지 않아도, 아이돌 유튜브처럼 수백만 조회수가 나오지 않아도, 그 공간과 연결된 이들에게는 세월호를 기억하는 특별한 시간이 되었다. 실제로 10주기에는 전국 곳곳에서 시민들의 다양한 기획이 진행되었으니, 유명 유튜버의 콘텐츠 부럽지 않게 시민들에게 따뜻한 마음이 전달되었을 것이다.

너무 복잡하게 생각할 필요는 없다. 시민사회는 삶과 다르지 않다. 즐겁기도 하고 슬프기도 하며, 절망 속에서도 다시 희망을 찾는다. 활동 또한 마찬가지다. 처절하고 끝없는 투쟁만 있는 것도, 가벼운 이벤트로만 채워진 것도 아니다. 어떤 날은 유쾌한 콘텐츠로 시민을 만나고, 또 다른 날은 무거운 싸움을 이어간다. 자연스러운 일이다. 중요한 것은 각자가 가진 관심사와 흥미를 어떻게 시민과 나눌지 고민하는 것이다. 영화를 좋아한다면 캠페인 카피에 영화적 오마주를 담을 수 있다. 요리를 잘한다면 비건 디저트를 만들거나 집회에서 주먹밥을 준비할 수도 있다. 달리기를 잘한다면 집회 때 수십 킬로미터를 뛰어다니며 행진 대오를 함께 이끌 수 있다.

직업 활동가를 고민하며 여러 단체를 살펴보는 사람도, 혹은 전업은 부담스럽지만 여가 시간에 관심 있는 단체 활동에 참여하고 싶은 사람도, 조직의 유형이나 활동만 보고 고정관념을 가질 필요는 없다. 현장의 최전선에 있는 조직이라도 무거운 의제를 대중 친화적이고 쉽게 풀어내야 할 때가 많으며, 소셜벤처처럼 새로워 보이는 조직이라도 진중하게 의제를 다루거나 모금·조직 사업 같은 전통적 기획을 맡기도 한다. 캠페인, 공론화, 시민 세력화, 민주적 문화 확산 등 어떤 목적 사업이든 띠를 두르는 투쟁에서 유튜브 쇼츠까지, 자신이 가장 잘할 수 있는 기획을 하면 된다.

물론 마케팅이나 브랜딩, 투자금 등 자원이 풍부하면 성과를 내기는 쉽다. 그러나 척박한 땅에서 농사를 일구는 농부가 더 고수이듯, 한정된 자원으로 사회적 의제를 확산하고 시민을 모으는 일은 아이디어와 실행력 면에서 더 큰 역량이 요구된다. 이미 뛰어난 활동가들에게서 배울 수도 있고, 스스로 기획의 폭을 넓혀갈 수도 있다. 그런 점에서 직업으로서도, 여가 활동으로서도 충분히 도전할 만한 길이 아닐까.

5부
활동가의 수익

저도 돈 얘기는 싫습니다만

'줄어드는 공적 지원, 쫓겨나는 시민단체, 재정난과 시민사회 활동가들의 소진……'
우리 사회에 꼭 필요한 이야기를 꺼낼 수 있는 곳,
목소리 내는 사람들이 평안할 수 있는 곳이 사라지는 현실을 마주하고 있습니다.
시민사회는 어떻게 이 위기를 극복해야 할까?
시민사회의 자원을 순환시키고 자립할 수 있는 법은 없을까?
오롯이 소리 낼 수 있는 우리의 공간은 어때야 할까?
계절의 목소리는 이 질문에 답할 수 있는 공간이 되고자 합니다.

'계절의 목소리'의 인테리어 비용을 모으기 위한 텀블벅 프로젝트의 문구 중 일부이다. 다소 비장하게 들린다. 시민단체가 쫓겨나고 공간이 사라진다니. 하지만 사실과 동떨어진 이야기는 아니다. 지방선거나 대선에서 시민사회에 친화적이지 않은 후보가 당선된 시기, 시민사회를 위한 공간과 활동을 지원하는 예산이 줄었다. 특히 공간은 시민과의 소통을 목적으로 하기에 일정 규모와 괜찮은 입지를 필요로 하는데, 영리 목적의 장사조차 90% 이상 줄도산하는 불경기에 시민단체가 막대한 임대료와 운영비를 부담하며 버티는 것은 불가능에 가까웠다. 결국 문제의 근본은 시민을 위해 쓰여야 할 예산을 줄이는 정치인들의 결정이다. 이는 정쟁적이고 불합리한 선택이지만, 한국 정치가 엉망인 것이 하루이틀 일이 아니니 예산 감축 문제를 따지는 건 차치하더라도 결국 돈 문제로 인해 많은 공간이 폐쇄되거나 이사 혹은 축소되는 현실을 맞이해야 했다.

시민단체의 주요한 수입원은 당연히 후원금이다. 매월 1만 원 안팎의 정기 후원회원들의 기부금을 기반으로, 프로젝트 단위의 펀딩이나 후원주점과 같은 일시적 후원이 더해진다. 그러나 영국의 자선지원재단 Charities Aid Foundation이 발표한 2022년 '세계 기부 지수'에서 대한민국은 88위에 머무를 만큼 기부 문화의 토양은 척박하다. 일부 연예인이나 대기업이 세금 절감이나 이미지 제고를 위해 고액 기부를 하기도 하지만, 이 돈에는 주로 자선이나 구호 목적이라는 꼬리표가 붙어 있어 시민사회의 일반 재정으로 흘러들어가는 경우는 드물다. 몇몇 국제 협력 단체가 제3세계 아동들의 열악한 모습을 자극적으로 보여주며 대규모 기부를 이끌어내기도 하지만, 이른바 '빈곤 포르노' 방식은 근본적 해법이 될 수 없다. 이는 취약계층을 단순화된 이미지로 소비하며 존엄과 주체성을 훼손할 뿐 아니라, 실제로 존재하는 다양한 맥락과 삶을 지우고 국제 질서의 구조적 문제까지 은폐하기 때문이다. 이런 시혜적 모금은 단기적 효과에 그치며 제3세계의 변화에도 실질적 기여를 하지 못하고, 오히려 NGO의 신뢰도까지 떨어뜨린다는 비판이 중론이다. 결국 시민단체의 일반적인 후원 구조는 의제에 공감하는 시민들이 소액을 정기적으로 기부하는, 일종의 '품앗이' 형태로 유지된다고 볼 수 있다. 하지만 선진국에 비해 기부 문화가 열악한 한국에서 수백 명의 후원 회원을 확보한다는 것은, 활동가들에게 극도로 난이도가 높은 과제다.

조금 민감한 지점이지만, 모금 분야에서도 '규모의 경제' 혹은 '빈익빈 부익부' 현상이 나타난다. 특정한 사회적 이슈가 크게 주목받아 일시적으로 모금 이벤트가 흥행하는 경우를 제외하면, 소액 정기 후원자를 한 명씩 확보하는 영역에서 특히 이러한 양상이 두드러진다. 후원 회원을 꾸준히 늘려가는 단체들은 대부분 규모가 큰 조직인데, 이는 인력과 데이터 역량에서 차이가 나기 때문이다. 활동가들이 시도할 수 있는 방식은 다양하지만, 여전히 길거리 캠페인이나 전화 홍보 같은 전통적 방법이 가장 효과적이다. 이 방식들은 많은 인력을 필요로 하기에 누구나 그 어려움을 쉽게 짐작할 수 있을 것이다. 물론 최근에는 데이터 기반 전략이 도입되면서 보다 정밀한 접근이 가능해졌다. 영리, 비영리를 막론하고 흔히 쓰이는 텔레마케팅은 지나친 빈번함으로 피로감을 누적시켜 실효성이 떨어지는 경우가 많지만, 평소 시민사회에 관심을 갖고 활동에 참여해 온 사람들의 데이터를 개인정보 보호 원칙 속에서 관리하고 적절한 순간에 홍보한다면 성공 확률을 크게 높일 수 있다. 이는 대기업만 잘할 수 있는 마케팅으로 보일지 모르지만, 시민사회에서도 데이터 활용 역량을 쌓아가는 조직들이 점차 늘어나고 있는 것이 분명한 사실이다.

하지만 정기적으로 후원금을 낼 의향이 있는 시민 풀 자체가 워낙 작다 보니, 일정 수준 이상의 데이터를 수집하고 분석할 수 있는 조직은 시민사회에서 손에 꼽을 정도다. 수십 명의 활동가가 수백 가지 활동을 벌여야만 겨우 분석 가능한 데이터가 쌓일 터인데, 대다수가 5인 이하의 영세 조직인 현실에서는 사실상 '그림의 떡'인 셈이다. 게다가 기부 문화의 기반이 열악하다 보니 시민사회 전체 모금액의 총량이 일정 수준 이상으로 커지기 어려운 한계도 존재한다. 결국 파이가 커지는 대신 후원 의사가 있는 시민을 규모 있는 조직이 선점해 비중을 늘리는 결과로 이어지는 경우도 있다. 후원할 의향이 있는 시민은 어느 현장에서든 단일 조직만 마주치는 것이 아니라 여러 단체와 동시에 접촉하게 되는데, 이들 대부분은 생활비 수준이 아주 넉넉하지는 않을 것이므로 후원에 할애할 수 있는 금액은 제한적이다. 결국 데이터를 보유한 큰 조직이 빠르게 기회를 차지하면서 작은 조직에게 돌아갈 몫은 줄어들 수밖에 없다.

애초에 후원 모금만 담당하는 직무에 인건비를 배정할 수 있는 규모의 조직은 극히 드물다. 소규모 단체가 연대단체로부터 데이터 활용법을 배우거나 길거리 모금 매뉴얼을 습득한다고 해도 근본적으로 여건이 크게 달라지지 않는다. 불특정 다수를 상대로 한 길거리 캠페인이든 특정 시민을 겨냥한 후원회원 가입 요청이든, 선택지를 실행할 인적·재정적 여력이 없기 때문이다. 물론 시민사회의 역량 있는 전문가들이 다양한 모금 모델을 고안하고 있으나 아직까지 뚜렷한 해법을 제시했다고 보기는 어렵다. 물가가 오르는 상황에서 후원회원 수가 비례해 늘어나지 않는다면, 상당수 단체는 후원금만으로 운영비와 인건비를 감당하기에 턱없이 부족한 현실과 맞닥뜨릴 수밖에 없다.

공익적 사업과 자원의 확대는 국가 차원에서도 반드시 해결해야 할 과제다. 자본주의 체제만으로는 국가가 온전히 작동하기 어렵다는 사실을 우리는 역사 속에서 수없이 확인해 왔다. 시민단체가 재정난으로 문을 닫아 사업 자체가 축소되는 상황을 막아야 한다는 공감대도 이미 사회적으로 충분히 형성됐다. 이에 대한 해법으로 민간-공공 거버넌스가 구축되고, 정부가 일부 예산을 지원하는 제도가 마련되었다. 정부가 전부 감당하기 어려운 역할을 시민사회가 분담하되, 필요한 비용을 '보조금'이라는 이름으로 지원받게 된 것이다. 보조금은 임대료나 인건비, 사업비로 쓰이며 단체 운영의 숨통을 트는 역할을 했다.

그러나 세금으로 충당되는 재원이다 보니 활용 방식이 지나치게 까다롭고 엄격하다는 문제가 뒤따랐다. 공무원과 정치인조차 세금을 쉽게 집행하지 못하는 현실에서, 시민사회가 받는 지원금은 더 큰 제약을 안게 된 것이다. 과거의 부정부패 사례가 누적된 탓에 정작 제대로 지원받아 본 적도 드문 시민사회에까지 불신이 이어졌다. 그 결과 시민사회가 지닌 독립성, 유연성, 능동성에 오히려 공공보다 더 심한 제동이 걸렸다. 예컨대 '식비'나 '대관비'를 쓰려 해도 허용되는 업종과 품목이 세세히 제한된다. 공공기관은 관성적으로 늘 거래해 온 업체를 이용하면 되지만, 시민사회는 동네 가게부터 지역 커뮤니티 공간까지 선택지가 다양하다. 이런 현실과 규정을 동시에 맞추려면 보조금만 전담하는 활동가를 따로 둬야 할 정도지만, 인건비를 편성하지 못하거나 편성하더라도 고정 업무만 수행해야 하는 제약이 따르기도 한다. 결국 행정 절차와 서류 업무는 과도하게 늘어나고 본래의 활동은 뒷전으로 밀려난다. 좋은 동료와 의미 있는 사업을 위해 꼭 필요한 자원이지만, 정작 하고 싶은 활동에 마음껏 쓰지 못하는 '계륵'이 되어버린 셈이다.

시민사회와 공공 보조금 및 지원사업의 관계를 어떻게 설정할지는 여전히 논쟁적이며, 앞으로도 풍부한 토론이 필요하다. 단순히 예산이 불합리하게 축소되었는가의 문제를 넘어, 보조금에 과도하게 의존할 경우 시민사회의 유연성이 떨어지고 행정에 잘 보이는 단체만 규모가 커지면서 독립성을 잃을 위험이 있기 때문이다. 결국 자본주의 사회에서는 돈을 쥔 쪽이 '갑'이 되기 마련이다. 공공이 부당한 방향으로 시민사회의 활동에 개입하더라도 재정적 압박 때문에 쉽게 반박하지 못하는 상황이 발생할 수 있다. 활동가라면 누구도 단체가 자금난으로 문을 닫기를 바라지는 않을 것이다. 시민들에게 필요한 사업을 두고 공공과 평생 거리를 두는 고고한 선비일 수도 없는 노릇이다. 어떤 항목과 방식으로 지원이 이뤄져야 하는지, 전체 예산에서 어느 정도의 비율이 바람직한지 등은 앞으로 시민사회가 해결해야 할 주요 과제가 될 것이다. 실제로 시작 단계에서 소규모 보조금에 기대던 단체들도, 앞서 언급했듯 시민사회를 곱지 않게 보는 대통령이나 지자체장이 들어서면서 예정된 예산이 사라져 동료 활동가를 채용하지 못하거나 사업을 중단해야 하는 현실을 맞닥뜨렸다.

한빛미디어노동인권센터 후원 행사 사진
(출처: 한빛미디어노동인권센터)

시민사회의 재정적 어려움은 '계절의 목소리' 2년 차인 2024년에 더욱 실감했다. 2022년 서울시는 전년 대비 시민사회 지원 예산을 무려 70%나 삭감했으며, 중앙정부는 집중 감사를 통해 이미 지출한 비용의 절반을 환수하겠다는 등 노골적인 압박을 가했다. 민간 기업이라면 줄도산할 만한 수준의 비합리적인 예산 공세가 2~3년 누적되며 재정 문제가 눈덩이처럼 불어났다. 그 결과 한 달에도 수십 개 단체가 단기 후원 행사를 열었고, 창립 이후 처음으로 후원주점을 마련한 전통 있는 단체도 수두룩했다. 심지어 어떤 활동가는 한 달 가계부에서 후원금이 식비보다 많아지는 상황까지 겪었다. 미리 결제한 후원주점 쿠폰이 아까워서, 또 매주 어딘가에서 행사가 열리다 보니 활동가들끼리 약속을 아예 후원 행사에서 잡는 일이 흔해졌다.

한 번쯤은 누구나 돈 걱정을 해본 경험이 있어서일까. '계절의 목소리'가 처음 기획될 당시 시민단체의 재정을 고민해 온 활동가들은 '자립적인 공간 기획'이라는 아이디어에 특히 큰 지지를 보냈다. 기본 자산은 후원으로 마련하고, 이후 운영비는 카페 수익으로 충당한다는 단순한 구조이긴 했다. 우선 텀블벅 플랫폼으로 펀딩을 진행해 다행히 인테리어 공사비와 카페 설비비를 확보할 수 있었다. 이제는 본격적인 운영의 시간이 찾아왔다. 재택근무와 회의가 잦은 활동가들은 어차피 각종 카페에 비용을 지출하고 있었기에, 도심과 가깝고 2호선 역에서 도보 5분 거리에 있는 '계절의 목소리'를 활용한다면 서로에게 도움이 될 수 있었.

그 결과 '계절의 목소리'는 2년 넘게 단 한 번의 지원금도 받지 않고 순수 매출만으로 적자 없는 운영을 이어가는 데 성공했다. 기획자들이 수많은 시행착오와 고생 끝에 공간을 조금씩 가꾸고 콘텐츠를 채워온 덕분이다. 이는 펀딩 당시 약속했던 목표에 도달했다는 의미이기도 하다. 다만 예상과 달랐던 점은 주 고객층이 활동가가 아니라 대학생들이었다는 사실이다. 활동가들의 이용이 적었던 것은 아니지만, 한 공간이 꾸준히 유지되려면 결국 지역 주민들이 즐겨 찾는 장소가 되어야 했다. 두유그릭 요거트 보울의 인기 덕분이든 공부하기 좋은 곳으로 입소문이 퍼졌기 때문이든 혹은 카페의 지향점에 공감대가 형성된 덕분이든, 결과적으로는 월세를 내고 활동가들의 인건비까지 지급할 수 있는 수준에 이르게 되었다.

'계절의 목소리'가 기획 의도를 실현한 시민사회의 유의미한 모델임은 분명하다. 그러나 그렇다고 해서 모두에게 장사를 권유하는 것은 아니다. 여러 활동가의 헌신이 뒷받침되었기에 동일한 역량을 매번 쏟아내기란 쉽지 않고, 그렇게 노력했음에도 앞으로도 적자 없는 운영이 가능할지, 최저임금 수준의 인건비가 과연 적정한지에 대한 의문은 여전히 남아 있기 때문이다. 그럼에도 시민사회가 계속 확장되기를 바란다면, 정기 후원회원 모집에만 의존할 것이 아니라 크라우드 펀딩, 단기 프로젝트 모금, 수익 사업 개발, 자산화를 통한 재정 안정화 등 다양한 모델을 꾸준히 실험하는 것이 중요하다. 오늘날은 유튜버와 BJ 등 기부의 창구와 대상이 다변화되면서 기존의 파이마저 쪼개진 상황이다. 그 결과 시민사회의 영향력은 한때의 전성기보다 줄어들었고, 재정 상태도 나아지기는커녕 오히려 더 어려워졌다. 다만 긍정적인 변화도 있다. 윤석열 퇴진 국면을 거치며 시민들이 후원 문화에 훨씬 더 익숙해졌고, 실제로 흥행에 성공한 사례들도 등장했다. 이러한 흐름은 앞으로 주목할 만한 지점이다. 이제는 이러한 변화를 차분히 분석하며, 공공과 기업 모두로부터 독립성을 지키면서도 일하는 사람들이 안정감을 가질 수 있는 새로운 변곡점을 모색해야 할 때다.

후원의 새 물결,
시민의 마음은 어떻게 움직였나

 돌이켜 보면 왜 그렇게까지 했을까 싶지만, 현 인류에게 코로나19 수준의 팬데믹은 처음이었기에 모두가 당황할 수밖에 없었을 것이다. 초창기에는 정말 모든 것이 멈췄다. 가게와 공간이 문을 닫고, 행사가 취소되었으며, 폐업과 실직이 속출했고, 프리랜서들의 일감도 사라졌다. 후원금이라는 것도 시민들의 수입 일부에서 나오는 것이니, 경기가 위축되면 시민단체 역시 곧바로 어려워진다. 영리든 비영리든 "버텨야 한다"는 말조차 사치처럼 들리던, 지독히 막막한 시기였다.

 불행 중 다행히도 나는 당시 '민달팽이주택협동조합'에서 월급을 받는 활동가였고, 우리 조직의 주요 수입원은 주택 임대에서 발생하는 임대료였다. 셧다운이 이어져도 집을 없앨 수는 없으니 다른 단체들에 비해 코로나로 인한 직격탄에서는 자유로웠다. 그렇다고 마음이 편할 리는 없었다. 세상 모두가 힘든 와중에 월급이 꼬박꼬박 나온다는 사실이 오히려 마음을 무겁게 했다. 조합 차원에서 수입이 급감한 입주자를 위해 적립금을 활용한 월세 지원 프로그램을 마련하기도 했지만, 조직 하나의 노력으로는 분명 한계가 있었다.

그 무렵 비슷한 고민을 하던 동료 활동가들이 있었다. 서울 청년정책네트워크에서 활동하던 문지혜 활동가와 성북구에서 지역 청년 활동을 이어오던 활동가 소금이었다. 서른 즈음의 젊은 활동가 세 명이 무슨 큰 영향력이 있겠느냐 싶겠지만, 그럼에도 작은 시도를 통해 힘든 시국을 함께 버텨보자는 마음을 나누었다. 그렇게 세상에 우리가 건네고 싶은 메시지를 담아보자는 취지로 기획이 시작되었다. '가끔은 좋아하는 음식을 먹는 소소한 행위만으로도 일상을 회복할 수 있다'는 가능성을 전하고자 했고, 그 결과 가칭 '떡볶이 프로젝트'가 출발했다.

코로나 시국에 위기를 지원하는 공공사업이 없었던 것은 아니다. 다만 지원금을 받으려면 까다로운 절차와 소선을 충족해야 했고, 각종 서류를 통해 절실함을 입증해야 했다. 수백만 원의 지원이 주어진다 해도 근본적인 위기를 해결하기는 어려웠는데, 그마저도 감시의 시선 속에서 이루어지니 지원을 받는 시민들 역시 마음이 편치 않았다. 사실 적은 금액이라도 누군가 나를 응원해 준다는 사실 자체가 큰 힘이 될 때가 있다. 그래서 당시에는 '함께 행복하자'는 단순한 구호가 절실하다고 생각했다. 5만 원이든 10만 원이든, 사회적으로 응원이 필요한 활동가 누구나 떡볶이 한 끼쯤은 마음껏 먹을 수 있는 수당이 주어진다면 그것만으로도 공동체에 큰 위로와 응원이 될 수 있으리라 보았다.

떡볶이 프로젝트 SNS 홍보물 (출처: 저자)

문제는 150명이 넘는 활동가들이 지원을 신청했는데, 그 돈을 어디서 마련할지 막막했다는 점이었다. 이미 삽을 떠버린 이상 어떻게든 여유 있는 이들을 찾아다니며 애걸복걸해야겠다고 마음을 먹은 참이었다. 그런데 만 하루쯤 지났을까? 단지 온라인 홍보만 했을 뿐인데 모금 목표액의 70% 이상이 채워졌다. 그리고 일주일이 되기도 전에 총 목표액에 도달했다. 솔직히 첫 감정은 '당황'이었다. 누가? 대체 왜? 그간 활동가로 살면서 후원 모금은 늘 머리를 지끈지끈 아프게 했는데, 이번에는 무엇이 달랐던 걸까? 감사하면서도 혼란스러운 마음이 뒤섞였다.

물론 '계절의 목소리'를 준비하는 과정에서도 '떡볶이 프로젝트' 이상으로 많은 후원금을 모으긴 했다. 그러나 그 과정은 너무나 고단했다. 모든 일정마다 사람 한 명 한 명을 붙잡고 사정해야 했고, 거절당하는 일은 흔했으며, 때로는 불쾌한 반응까지 감당해야 했다. 사람과 조직을 찾아다니며 꼬박 한 달을 고생한 끝에 겨우 목표액에 도달할 수 있었다. 그런데 조직적으로 홍보를 한 것도 아니고 단 세 명이 SNS에 몇 차례 후원 요청을 올렸을 뿐인데도 '떡볶이 프로젝트'는 순식간에 모금이 완료되었다.

이처럼 폭발적으로 사람들의 마음이 모이는 사례는 곳곳에서 발견된다. 단순히 '모금'으로만 한정할 필요는 없다. 예컨대 '동물자유연대'가 기획한 '길고양이 급식소 프로젝트'에서는 전국의 자원봉사자들(캣맘)이 기획 단계부터 자발적으로 참여해 의견을 내고, 설치 이후에는 정기적으로 먹이와 물을 공급하며 급식소 청소와 관리까지 맡고 있다. 길고양이와 인간의 평화로운 공존은 오늘날 도시에서 중요한 과제이지만 정부나 시민단체의 자원만으로는 원활하게 관리하기 어렵다. 현실적으로 해결 방안이 마땅치 않을 때 마치 기적처럼 시민들이 시간을 내서 부족한 부분을 채워낸 것이다.

노동이든 돈이든, 사람들의 마음은 어떤 지점에 움직이는 걸까? 기적 같은 일이 벌어졌다면 단순히 놀라움에 머물러서는 안 된다. 후원 회원을 늘리겠다며 여러 조직의 활동가들이 신청서를 들고 돌아다니지만 한 달에 1만 원을 내는 회원 한 명을 찾는 일조차 '하늘의 별 따기'이다. 서로의 사정을 잘 아는 활동가들끼리 '상부상조'하는 경우도 허다하다. 비활동가라면 평생 한 번 결혼식 청첩장을 돌릴 때 느낄 만한 부담을, 활동가들은 일상적으로 반복해서 감수해야 하는 셈이다. 그렇기에 성공적인 후원 사례를 다각도로 분석하는 것은 활동가의 일상을 조금이라도 더 행복하게 만들 중요한 단서임이 분명하다.

성공적인 후원이라 하니, 계엄 정국을 떠올리는 사람들도 많을 것이다. 당시는 말 그대로 기적의 연속이었다. 집회에 나선 시민들을 응원하겠다며 카페에 선결제를 걸어둔 후원자들이 나타났고, 유명 아이돌 스타까지 동참하면서 선결제 흐름은 하나의 작은 사회적 유행처럼 확산되었다. 커피차, 난방용 버스 등 남태령과 한남동 집회를 전후로 기발하면서도 다양한 후원 아이템들이 등장하기도 했다. '전태일 의료센터'의 경우, 오랫동안 지지부진하던 모금 실적이 탄핵 집회의 열기를 타고 급등하여 이전에 모은 총액의 몇 배에 달하는 후원금이 단기간에 모이기도 했다.

탄핵 시국 당시의 모금 흐름에 대한 전문적인 분석은 이미 다양하게 이뤄져 있으므로 여기서 세부를 다루지는 않겠다. 다만 큰 틀에서 보자면, '일시 후원'의 비중이 크게 늘어났다는 점이 주목할 만하다. 특히 윤석열 퇴진 촛불 집회는 일종의 '아이돌 문화'와 맞닿아 있어, 후원의 방식 또한 유사한 양상을 띠었다. 커피 한 잔 값에 해당하는 소액을 기꺼이 보태는 후원 문화는 더 이상 낯설지 않다. 사람들은 마음을 움직이는 일이 생겼을 때 구체적이고 직관적인 방식으로 도움을 줄 수 있다면 기꺼이 호응한다. 이러한 움직임은 일상 속에서 '이건 정말 문제야'라고 절실히 느끼는 지점에서 촉발된다. 매일 눈에 밟히던 동네 길고양이 문제, 코로나 시국 당시 공동체 전체를 짓누르던 막막함, 혹은 크고 작은 생활의 문제들을 해결하려는 실천 속에서 시민들은 스스로 움직인다. 트위터, 텀블벅, 인스타그램, 와디즈 같은 플랫폼이 중요한 역할을 하지만, 그보다 더 핵심은 '일상을 움직이는 마음'

이다. 무엇보다 후원은 실질적인 도움을 넘어 참여자 자신에게도 의미 있는 효능감을 안겨준다. 이 경험은 유사한 상황이 다시 닥쳤을 때 주저 없이 또 다른 실천으로 이어지게 하고, 그렇게 선순환의 가능성이 자라난다.

규모가 큰 조직이나 셀럽의 참여 없이는 모금 확대 자체가 어려운 현실에서, 이벤트성 후원의 흥행은 그 자체로 커다란 의미를 지닌다. 후원의 양상이 과거와 달라졌음을 보여주기 때문이다. 한때는 소액을 꾸준히 모아가는 이른바 '티끌 모아 태산' 정기후원이 중심이었다면, 이제는 특정 목표를 두고 단기간에 필요한 금액을 모아내는 '일회성 후원'이 점차 늘어나고 있다. 정기후원은 한번 시작하면 중도 해지 시에도 심리적 부담이 크기에 신중한 결정을 요구한다. 게다가 불안정한 노동시장에서 살아가는 2030 세대에게는 정기적인 후원보다 여건이 허락할 때마다 응원의 마음을 보태는 방식이 훨씬 더 접근성이 높다. 모든 전략을 이벤트성 후원으로 전환해야 한다는 뜻은 아니지만, 시민들의 선호와 경향을 적절히 반영할 필요는 있다.

다만 방식의 변화 자체를 무조건적으로 반영하기에는 분명 우려되는 지점도 있다. 대표적으로 활동가 인건비는 특정 시기에만 지급할 수 있는 성격의 비용이 아니다. 또한 이벤트가 매번 호응을 얻으리라 기대하기도 어럽다. 연간 계획을 세울 때 예측 불가능한 변수에만 의존할 수는 없다. 게다가 일시 후원의 상당수는 특정 목적 사업에 한정되어 예산 사용에도 제약이 따른다. 이를테면 떡볶이 프로젝트만 하더라도 세 명의 활동가가 '무상'으로 홍보물을 제작하고 계좌를 관리하며 후속 조치까지 도맡았다. 만약 인건비까지 지급받는 조건이었다면 지금과 같은 수준의 후원금이 모였을지는 알 수 없다. 그러나 시민사회의 모든 일은 결국 사람에게서 비롯된다. 언제까지나 무상으로 활동가들의 헌신만을 기대할 수는 없다. 활동가의 일상적인 급여를 위한 모금이 이뤄지지 않는다면 시민들이 소중히 여기는 '이벤트'를 기획할 사람조차 사라지고, 결국 일시 후원을 이끌어낼 만한 활동 자체가 줄어드는 악순환이 나타날 것이다. 따라서 후원의 트렌드가 바뀌었다고 해서 기존의 정기후원 노력이 줄어서는 안 되며, 영세한 단체들이 정기든 일시든 안정적으로 모금을 이어갈 수 있도록 시민사회 전체가 솔루션을 개발하는 작업을 결코 소홀히 해서는 안 된다.

세계적인 불황이 지속되는 상황에서 시민들이 생계 이외에 돈을 쓰는 일이 쉽지 않다는 점은 충분히 이해된다. 그렇기에 후원을 요청했을 때 거절을 받아도 결코 마음이 상할 이유는 없다. 오히려 단돈 몇천 원, 몇만 원이라도 기꺼이 마음을 내어주는 모든 시민이 고맙고 소중할 따름이다. 모금액을 크게 늘리는 기발한 방법론을 찾는 일도 중요하지만, 이미 후원한 사람들에게 그 모금이 어떤 변화를 만들어냈는지 세심하게 공유하고 그 마음을 꾸준히 기억하는 것 역시 활동가의 중요한 역할이지 않을까? 십시일반 모은 정성이 어떻게 멋지게 쓰였는지가 후원자에게 가 닿는다면, 앞으로도 함께할 수 있는 큰 동력이 될 것이다. 어디서든 돈 이야기를 꺼내는 일이 쉽지는 않지만, 더 나은 세상을 위해서는 후원을 둘러싼 기획과 요청, 사용과 감사 모두에 최선을 다해보려는 시도가 중요하다.

시민사회도 연봉 협상이 있을까요?

    한국 시민사회에서 가장 규모가 큰 조직이라 할 수 있는 '참여연대'에는 시민단체 최초의 노동조합이 있다. 일정 주기마다 사무처장과 임원은 사용자 측, 노동조합은 노동자 측으로 나서 임금 등을 논의하는 '임금단체협상(임단협)'이 진행된다. 2025년을 준비하는 협상 테이블에는 청년 활동가 M씨가 노동자 대표로 참여했다. 마침 '윤석열 몰아가는 범청년행동' 운영진으로도 함께 활동했던 터라, 활동가이자 노동자로서 임단협에 임하는 그의 고민을 가까이서 간접적으로나마 지켜볼 수 있었다. 참여연대는 정부지원금 없이 운영되는 시민단체이기에 기업치럼 대규모 투자나 급격한 수익 확대가 어렵다. 회원 수가 급격히 늘지 않는 한 수입과 지출 구조는 이미 뻔하다. 그렇다고 내부 노사 협의가 무의미한 것은 아니다. 임금은 물론, 조직이 활동가를 위해 어떤 환경을 만들고 어떤 성장을 도울 수 있을지 등 다양한 논의가 가능하기 때문이다. 그런 점에서 노동자 대표로 나선 M씨의 부담감이 결코 적지 않았을 것이다.

"시민사회에도 연봉 협상이 있나요?" 시민사회를 소개하는 강연에서 자주 받는 질문이다. 결론부터 말하면 '있다'. 다만 참여연대처럼 정식 임단협까지는 아니더라도 매년 예산 편성과 함께 임금 수준을 두고 논의가 이루어진다. 신규 채용 과정에서도 채용자와 구직자 사이에 급여 조정 절차가 뒤따른다. 그러나 이는 기업과는 사뭇 다르다. 대부분의 시민단체 예산은 항상 빠듯하다. 원칙적으로는 보수적으로 계산해야 하지만, '올해는 좀 나아지겠지'라는 희망 섞인 예산서가 모두에게 투명히 공유된다. 대표자와 구성원 사이 급여 격차도 거의 없으며, 기본급은 최저임금과 생활임금 사이 어딘가에 위치한다. 모 노동단체에서는, 최저임금 인상에 크게 기여하고 있지만 최선을 다해 노력할수록 단체의 존속이 위태로워진다는 자조 섞인 농담도 하곤 한다. 때로는 예산 부족으로 인해 자발적으로 주 40시간 근무를 일부 덜어내 임금 부담을 줄이기도 한다. 결국 연봉 협상이라기보다 '1년간 단체를 어떻게 유지할 것인가'를 고민하는 과정에 가깝다.

연봉 협상이 그럴싸하게 이뤄지지 않는다고 해서 일터로서의 시민사회 가치를 낮춰 보아야 할까? 나는 질문자에게 되묻곤 한다. "노동자로서 사용자와 협상할 때, 통장에 꽂히는 돈 이외에 어떤 이야기를 나눌 수 있을까요?" 대부분 복지나 연차 정도에서 아이디어가 멈춘다. 물론 저임금·고강도 노동이 만연한 한국 사회에서 임금은 협상의 핵심이어야 한다. 그러나 일터는 단지 돈으로만 환원하기에는 너무 큰 의미를 지닌다. 한 사람의 인생이 어떻게 성장할 수 있을지, 직장에서 어떻게 행복할 수 있을지 함께 고민할 수 있는 공간이 되어야 한다. 시민사회가 이 과제를 완벽히 해내고 있다고 말할 수는 없지만, 적어도 최선을 다해 노력하고 있다고는 말할 수 있다.

예컨대 '민달팽이주택협동조합'에서는 매주 특정 요일을 정해 활동가 모두가 '공인중개사' 자격증 공부를 함께하는 시간을 가졌다. 퇴근 후에는 쉬고 싶은 마음이 크기 마련이라 혼자서는 자기계발을 위해 공부하겠다는 의지를 이어가기 쉽지 않다. 그렇다고 가뜩이나 업무도 빡빡하고 예산도 쪼들리는 일터에서 업무와 직접 관련 없는 공부 시간에 근무 시간을 사용하기도 애매했다. 타협점을 찾기 위해 활동가들이 논의한 끝에, 조직에서 인터넷 강의 비용을 지원하고 함께 공부해 보자는 의견이 나왔다. 주거권 활동가에게 부동산 시장에 대한 이해는 업무에도 도움이 되고, 국가 공인 자격증은 장기적으로도 유용할 수 있다는 판단이었다. 그렇게 주 2시간의 스터디가 운영되었고, 결국 실제로 자격증을 따낸 활동가도 생겼다. 이처럼 시민사회에서는 임금 수준에서 대단한 협상이 오가지는 않더라도 노동자의 삶을 함께 고민하는 문화가 존재한다.

물론 이를 두고 "돈을 많이 못 주니 변명하는 것 아니냐"는 의문을 가질 수도 있다. 하지만 매일 무기력하게 '월요병'을 앓으며 잿빛 빌딩과 공장을 향해 출근하는 것에 갑갑함을 느끼는 사람이라면 이런 시도가 궁색한 포장으로만 보이지는 않을 것이다. 일이 언제나 즐거울 수는 없지만, 다채로운 색을 덧입히려는 시도는 부담 없이 꺼낼 수 있고 오히려 환영받는다. 흔히 가족이나 동네, 친구 사이에서나 가능하다고 여겼던 '공동체'의 요소를 시민사회 일터에서도 상상할 수 있다. 특히 투명하고 평등한 위치에서 구체적 사안을 두고 논의할 수 있다는 점에서 그러하다. 그래서 "시민사회에도 연봉 협상이 있느냐"는 질문에는 단정적인 답을 주기 어렵지만, "연봉 협상 이상의 협의가 가능하냐"는 물음에는 자신 있게 그렇다고 답할 수 있다.

대기업도 HR 프로그램을 개발하지만, 대개는 인재가 이탈하지 않도록 오래 붙잡아 두는 목적이 우선이다. 노동시장의 이중구조와 격차가 심화될수록 중소기업과 블루칼라 노동자들은 HR은커녕 근로기준법 준수 여부에 더 신경 써야 한다. 스타트업 업계는 연봉 협상을 제외한 논의 자체가 어렵다.

물론 시민사회 일터에도 아쉬운 점은 많다. 그러나 다른 직군에서는 좀처럼 기대하기 힘든 방식으로 함께 일하는 사람의 성장과 행복을 고민할 수 있다는 점에서, 시민사회의 가치는 결코 낮지 않다고 말할 수 있다.

우선, 고용주와 피고용인의 관계로 만나더라도 한편으로는 동료로서 서로를 응원하는 사이가 될 수 있다. 웬만한 직장에서 관리자와 근무 조건을 논의할 때 서로의 현재와 미래까지 함께 고민하는 풍경을 상상할 수 있을까? 일하는 사람으로서 존중받는다고 느낄 수 있는 직장이 얼마나 될까? 모든 시민단체가 그렇지는 않지만, 대체로는 임금만으로 채워지지 못하는 부분을 어떻게 보완할지, 또 소속 단체를 떠난 뒤에도 좋은 활동가로 성장할 수 있도록 어떤 방안을 마련할지를 함께 모색하는 문화가 일반적이다. 직장 만족도의 상당 부분이 결국 '사람과 사람의 관계'에서 비롯된다고 할 때, 이만하면 어디에 내놓아도 자랑스러울 만하다. 물론 개별 단체가 해결하기 어려운 문제가 분명 존재하지만, 활동가 전체의 안전망을 목표로 하는 사회적 협동조합 '동행'과 같은 조직도 있어 공제회, 상호부조, 복지 지원 등 활동가 전반을 위한 프로그램이 점차 구축되고 있다. 업계 내 경쟁보다는 상향 평준화를 지향하는 협력적 분위기가 조성되어 있다는 점도 아주 큰 장점이다.

물론 임금 수준과 지속 가능성을 높이기 위한 구조적 개선은 반드시 필요하다. 언젠가는 영리 영역처럼 연봉 협상이 활발히 이루어지는 날이 오도록 여러 주체가 머리를 맞대고 고민 중이다. 아직은 부족하지만, 지난 수십 년간 활동가의 경제 생활에 대한 논의를 이어온 결과 평균 급여가 점진적으로 올라가기도 했다. 따라서 누군가 시민사회를 새로운 커리어로 선택한다고 해도, 그것이 무리하거나 부정적인 경로가 아님은 분명하다. 30대 중반에 접어들면서 동창회에 나가면 10년 차 내외의 직장인들이 한결같이 강조하는 주제가 있다. 바로 '일하면서도 행복할 수 있는 직장'이 얼마나 소중한가 하는 점이다. 일터에서부터 다양한 상상을 이어갈 수 있는 직군을 찾는다면, 시민사회를 주요한 선택지로 고려해 보길 권하고 싶다.

부록 3

노동자인가요? 활동가인가요?

다소 민감한 주제일 수 있다. 시민단체 내부에서 갈등이 생겼다고 할 때, 주요 원인 중 하나는 노동 문제다. "사회적 가치를 말하는 조직이 근로 계약의 기본도 지키지 못한다니?"라는 입장과 "숨길 것도 없고 누가 이익을 독점하는 것도 아닌데, 사정을 잘 알면서도 문제 삼느냐"라는 입장이 충돌하는 것이다. 겉으로는 대화로 풀 수 있을 것 같지만, 실제 현장에서는 정말 난감한 순간이 많다.

과거 청년 일자리 창출을 장려하기 위한 정부의 인건비 지원사업이 시민사회에도 배정된 적이 있었다. 이 사업은 생활임금 수준의 인건비 편성을 허용했지만, 지역에서 오랫동안 버텨온 활동가들은 열악한 자원 탓에 최저임금 수준의 임금을 받아왔다. 새로 채용된 청년에게 생활임금을 지급하는 것이 당연하더라도, 그걸 배분하는 입장에서 기존 활동가들의 상대적 박탈감을 외면하기 어려웠다. 그렇다고 청년 활동가의 월급 일부를 떼어 기존 활동가에게 주는 것은 회계상 불법이고 근로기준법에도 위배된다. 한정된 예산이니 최저임금으로 인건비를 낮추고 아낀 예산으로 더 많은 활동가를 지원하자는 제안도 있었으나, 그마저도 "청년들의 월급을 줄이냐"는 반발에 부딪혔다. 생활임금과 최저임금의 차이는 20만 원 남짓인 상황에서 이를 메울 지역 후원을 갑자기 확보하는 것도 불가능했다. 주고받는 입장 모두가 민망한 상황이었다.

한국 시민사회가 수십 년간 유지된 것은 활동가들의 헌신 덕분이었다. 저임금과 고강도 노동을 감내하면서도 공동체의 성취가 곧 개인의 만족이 되던 문화가 있었던 것이다. 자본가-노동자라는 구분 밖에서 모두를 '동지'로 여긴 시민사회는 가족 기업처럼 굴러갔다. 이런 헌신 덕분에 한국 시민사회는 세계사적으로도 유례없는 단기간의 성장을 이룰 수 있었다. 그러나 성장세가 멈추고 불평등과 불안이 만연해진 오늘날, 과거의 방식만으로는 버티기 어려워졌다.

새로운 세대의 활동가들은 운동이나 조직의 창립 과정과 무관하게 '하나의 일자리'로서 시민사회에 진입한다. 창립 멤버와 같은 애착을 기대할 수는 없다. 그렇다고 헌신이 부족하다고 비판할 근거도 없다. 오히려 다른 어떤 기업의 신입사원보다 열정적으로 일하는 활동가도 많다. 갈등의 본질은 '헌신의 부족'이 아니라, '불안'으로 대표되는 청년 세대의 경제적 불안정성과 사회적 존재감의 축소 속에서 그들에게 얼마나 공감하느냐에 있다.

따라서 활동가는 곧 노동자라는 인식이 정착되어야 한다. 취업 규칙, 계약서, 근무시간, 연차 등 기본 규범이 지켜져야만 원활하게 소통할 수 있다. 개인은 안정감과 예측 가능성을 얻고, 조직은 근로기준법이라는 최소 기준 위에서 논의를 이어갈 수 있다. 실제로 많은 시민단체는 열악한 재정에도 불구하고 근로기준법을 준수하기 위해 노력하고 있다. 다만 해가 지나기 무섭도록 빠르게 변하는 세상을 온전히 따라가지 못할 때도 있는데, 그럴 때 오해가 생기곤 한다. 지금은 활동가-노동자의 관계를 새롭게 정립하는 과도기적 시기라고 보는 편이 적절하다.

물론 법률을 그대로 적용하기 어려운 지점도 있다. 서너 명 규모의 단체에서 '대표', '사무국장', '팀장'이 있다고 가정한다면, 이 중 누가 사용자이고 누가 노동자인지 모호하다. 노동자로서의 정체성이 전통적인 사용자-노동자 구도만으로 설명될 수 있는지도 논쟁거리다. 그래서 시민사회는 갈등이 생기면, 고용 관계의 불안정성보다 평등한 문화를 해치는 위계 관계가 어떻게 형성되어 있는지를 주목해서 바라보는 방식으로 대응하는 경우가 일반적이다.

회원이 민주적 절차에 따라 집행부를 '선출'하는 구조를 가진 단체도 애매하다. 양대 노총처럼 집행부 교체가 익숙한 조직은 갈등이 덜하지만, 영세 단체는 사실상 집행부 교체가 거의 없다. 평상시에는 문제가 없더라도, 갈등이 생기면 노동 문제가 복잡하게 얽힌다. 노동시간을 어떻게 산정할지도 논란이 되곤 한다. 예컨대 윤석열 탄핵 집회에 단체 활동가가 구체적인 역할을 맡지 않고 참여했을 때, 이를 노동으로 봐야 하는지 개인적인 시민 참여로 봐야 하는지 그 경계가 모호하다. 조직의 사정과 각자의 맥락을 이해하며 소통이 원활히 이루어지면 큰 문제는 없지만, 일도 바쁘고 스트레스도 받다 보니 언제나 화목하게 토론이 이뤄지지 않을 때도 있다.

그럼에도 시민사회가 성장하고 일상에 뿌리내리려면, 노동자를 존중하는 일터로 변화해야 한다. 다만 조직마다 사정이 달라 개별 단체 차원에서 해결하기는 어렵다. 사소한 관계를 통해 문제가 해결되기도 하고, 때로는 감정이 상해 신뢰가 무너지기도 한다. 성인군자가 아니고서야, 활동가로서 역할을 소홀히 하거나 노동자로 존중받지 못하는 상황이 발생했을 때 100% 이성적으로만 판단하기는 쉬운 일이 아닐 것이다. 다행히 시민사회는 최근 봇물 터지듯 등장하는 '활동가-노동자' 이슈를 심각하게 받아들이며 해답을 찾고 있다. 시민단체에 특화된 취업규칙이나 근무시간 및 연차 기준 등을 공유하며 사례가 쌓이는 중이다. 정답이 없어 실망하기보다는, 계속 질문을 던지고 활동가와 노동자를 함께 포괄할 기준을 찾아가 보자. 이 과정을 함께 통과할 때 시민사회는 더 넓고 단단한 길로 나아갈 수 있다.

6부
활동가 지망생 백서

MBTI의 E만 가능한가요?

겉으로 보기에는 활동가가 매일같이 사람을 만나고, 대중 앞에서 주눅 들지 않고 유려하게 말해야 하는 직업처럼 보인다. 그래서 흔히 '인싸' 기질, 즉 외향적인 성향이 필수라고 오해하기 쉽다. 그러나 실제로 활동 현장에서 만나는 활동가들 중에는 MBTI 검사에서 I(내향형)가 나오는 경우가 많다. 정확한 통계는 아니지만 결코 소수라고 할 수는 없는 수준이다. 만약 눈에 잘 띄는 몇몇 사람만 보고 '나와 맞지 않을 것 같다'는 고민을 하는 예비 활동가가 있다면, 시민사회에는 다양한 성향의 사람들이 함께 모여 있다고 분명히 말할 수 있다.

물론 시민사회가 무슨 〈어벤져스〉 세계관 속 멀티버스는 아니다. 그냥 우리가 살아가는 보통의 사회와 다르지 않다. 예를 들어 상품 하나를 팔기 위해서도 소비자 수요를 분석하는 사람, 직접 영업을 나서는 사람 등 성향이 제각각인 이들이 함께한다. 세상을 바꾸는 일도 마찬가지다. 광장에서 군중을 모으고 구호를 외치게 독려하는 활동가만 중요한 것이 아니다. 시민들의 고민을 차분히, 그리고 끈질기게 들어주는 사람이 있어야 그것이 가공되어 광장에서 울려 퍼질 수 있다. 성향이 어떻든 각자가 자신에게 편안하게 맞는 일을 할 수 있는 자리가 마련되어 있다. 물론 활동가가 늘 부족하다 보니 때로는 자기 성향과는 다른 일을 맡게 되기도 하지만, 원하는 일만 하고 살 수 없는 세상이라는 점을 떠올리면 특별히 이상한 일은 아니다.

시민사회 안에서 선호되는 성향이라는 것은 따로 없다. 노동 착취 없는 세상, 세입자도 존중받는 사회를 꿈꾸며 이상적인 변화를 제시하는 사람이 필요하고, 동시에 운동이 성공하기 위해 현실에서 어떻게 자금을 마련하고 타협안을 조율할지 고민하는 사람도 반드시 있어야 한다. 세상의 아픔에 깊이 공감하는 마음이 변화의 출발점인 것은 사실이지만, 사안마다 과도하게 몰입한 뒤 번아웃에 빠지지 않도록 건져내 주는 동료의 존재 또한 소중하다. 어떤 단체는 오전 9시부터 오후 6시까지 체계적이고 계획적으로 운영되기도 하고, 또 어떤 단체는 상황에 따라 투입되는 시간과 역량을 유연하게 바꾸며 변주를 반복하기도 한다. 결국, 다양한 성향이 모여야 시민사회의 일이 굴러간다.

단순히 성향이 어떠한가를 두고 활동가라는 직업에 맞는지를 고민하는 것은 솔직히 시간 낭비라고 말할 수 있다. 물론 단체의 성격에 따라 특정한 성향이 더 잘 어울리는 경우도 있겠지만, 대체로 한 조직 안에서는 여러 성향의 사람들이 협업을 이룬다. 예를 들어, '계절의 목소리'만 해도 꼼꼼하게 공간을 관리하며 계획적으로 움직이는 내향적 활동가와, 되는 대로 최선을 다해 후원을 모으고 연대를 적극적으로 요청하는 외향적이고 즉흥적인 활동가의 조화가 잘 어우러져 성과를 낼 수 있었다. 그렇다면 활동가라는 직업과 자신이 잘 맞는지를 확인할 방법이 전혀 없는 것일까? 굳이 찾자면, 정확한 단어는 아닐지라도 활동가에게 도움이 되는 '태도' 혹은 '습관' 정도는 있다. 바로 작은 활동 하나에도 세상이 조금씩 변할 수 있다는 믿음, 그리고 그 변화가 아주 오랜 시간의 버팀 끝에야 가능하다는 인내심, 이른바 '존버'라 불리는 지구력이 그것이다.

기후 위기 대응과 같은 실천을 제안할 때면, 가끔 '어차피 탄소배출의 대부분은 산업과 정치 차원에서 해결해야 하니 개인이 뭘 해도 소용없다'는 회의론을 만날 때가 있다. 그러나 이는 어폐가 있는 주장이다. 산업과 정치의 변화도 결국 소비자이자 노동자이자 유권자인 시민들이 일상에서 탄소배출을 줄이는 노력을 해야만 가능하다. 기업의 이윤을 일부 포기하더라도, 나에게 돌아올 정치·경제적 이익이 줄어들더라도, 소비와 투표에서 과감한 선택을 해야 산업과 정치가 움직인다. 세상을 뒤집는 선지자가 내려와 갑자기 '천지개벽'을 해주지 않는다. 시민들의 기준이 분명해지려면 아주 작은 실천에서부터 시작해야 한다. 시민사회가 다루는 어떤 의제도 사소하지 않고, 어떤 활동도 세상을 덜 변화시키지 않는다. 지금의 작은 활동이 언젠가는 구조적 변화를 이끌어낼 것이라는 '믿음' 혹은 '진리'를 받아들일 수 있다면 활동가로 살아가는 데 큰 도움이 될 것이다.

세상이 하루아침에 바뀔 수 있었다면 인류 역사 수천 년 동안 유토피아는 열 번도 넘게 건설되었을 것이다. 교과서에 실린 사례만 보아도 노동자가 법의 테두리 안으로 들어올 때까지, 여성이 투표권을 얻기까지, 독재 정권이 종식되기까지 수십 년에서 수백 년이 걸렸다. 그래서 조급하지 않은 사람들이 대체로 활동가의 삶을 더 잘 버틴다. 분노하지 말라는 뜻은 아니다. 다만 사안마다 분노하면서 SNS에 글을 열심히 올렸는데 '왜 세상은 안 바뀌지?'라는 무기력에 빠지지 않아야 한다는 뜻이다. 긴 호흡으로 동료를 더 찾고 시민들을 계속 만나며 활동을 이어간다면, 구조적 변화는 언젠가 반드시 찾아온다.

물론 앞서 말한 두 가지 태도를 반드시 갖출 필요도 없다. 지금도 각양각색의 활동가들이 저마다의 위치에서 충분히 멋진 활동을 이어가고 있기 때문이다. 요지는, 몇 가지 성향만 보고 미리 편견을 가질 이유는 없으며 다만 활동가로서 오래 즐기면서 일할 수 있는 태도 정도를 참고 삼아 권한 것뿐이다. 성향이 16가지든 256가지든, 어떤 모습도 다 자신 있게 받아들일 수 있는 영역이 바로 시민사회다.

무엇을 포기해야 하나요?

이따금 친구나 친척들이 묻곤 한다. "그래도 남들처럼 취업해서 살면 편할 텐데, 어려운 게 많지 않아?"라고. 그럴 때면 이 일이 가진 매력을 진심으로 어필해 보기도 하지만, 세상사 완벽한 직업이 어디 있겠는가. 그래서 활동가를 선택하면서 내가 무엇을 '포기'했는지 한번 떠올려 봤다. 순전히 뇌피셜이니 가볍게 참고만 해도 좋다.

하나, 잦은 인스타그램 구경

'자랑하고 싶은 거 있으면 얼마든지 해'는 가수 장기하 씨의 노래가 반어법일 수도 있겠지만, 노랫말처럼 '부럽지가 않다'는 마음으로 살 수 있다면 충분하다. 연차가 쌓일수록 가장 크게 달라진 건 내 인스타그램 피드였다.

해외여행이야 누구든 어렵게 휴가 내서 가는 것이고 활동가들도 종종 다녀오니, 여행 사진은 자연스럽게 느껴진다. 그렇게 스크롤을 좀 더 내리다 보면 자동차가 등장하고, 명품백이 나오고, 골프장이 보인다. 물론 아주 일부에 불과하지만, 그들과 자신을 비교하기 시작하는 순간 일상 자체가 힘들어질 수도 있다. 단지 명품의 문제가 아니다. 나는 주말에 집회에 나가야 하는데 동창은 매주 전국을 유람하는 모습이 부럽게 느껴질 수도 있다. 열심히 월급을 모아 외제 차를 살 수도 있고 주말에 놀러 다닐 수도 있지만, 장기적으로 봤을 때 소득과 여유의 격차가 어쩔 수 없이 벌어진다.

    소득의 문제를 넘어 말로 설명하기 어려운 지점도 있다. 좋은 의미로는 시민사회의 위치성을 고려한 신중함일 수 있지만, 한편에서는 '아비투스(사회학자 피에르 부르디외가 사용한 개념으로, 어떤 집단이나 계층에 속해 있음을 드러내는 무의식적인 태도나 취향)'가 다르다고 느껴지기도 한다. 노동자를 착취하는 기업의 상품은 소비하기 어렵고, 기후를 위협하는 골프장은 분명 문제다. 윤리적 소비와 개인적 욕구 사이에서의 딜레마가 활동가에게는 종종 스트레스로 다가온다. 취미나 욕구에 관심이 없는 사람조차도 비윤리적 소비를 즐기는 친구들에게서 실망감이나 거리감을 느낄 수 있다.

무엇을 포기해야 하나요?

사실 혼자 즐기면 아무도 뭐라 하지 않는다. 굳이 주변에 자랑하지 않아도 일상에 지장은 없다. 그리고 친구들의 변화를 일일이 신경 쓰지 않아도 살아가는 데 큰 문제는 없다. 인스타그램 속 일부 친구들과의 차이는 결국 내가 의식하지 않으면 그만이다.

둘, 부모님의 기대

"제대로 된 일은 대체 언제 할 거냐"라는 부모님의 물음은 활동가라면 누구나 한 번쯤 들어본 질문일 것이다. 어떤 엄친아, 엄친딸은 매달 부모님께 백만 원씩 용돈을 드린다는데(물론 아주 소수일 테지만), 그 금액이 대기업 소득에서는 월급의 1/4 정도일 수 있어도 활동가의 수입에서 그만큼을 떼어 내는 건 현실적으로 불가능하다. 돈의 문제가 아니라 마음의 문제라 하더라도, 부모님과 활동가 모두 형편이 비슷하다 보니 서로를 챙기기가 쉽지 않다.

사실 부모님이 바라는 건 경제적 수준보다 '사회적 인정'일 때가 많다. 오랜 세월 활동해 온 50대 선배 활동가조차 부모님에게서 "언제 정착할 거냐"는 질문을 듣는다고 하니 말이다. 활동가라는 일은 커리어 관점에서 명쾌하게 인정받기 어렵고, 성과가 곧바로 개인에게 돌아오는 경우도 드물다. 사회를 변화시키는 과정도 너무 길고 고단하다. 부모님 입장에서는 자기 또래 친구들이 자식 자랑을 늘어놓을 때 딱히 할 말이 없어 답답하실 수 있다. 결국 자본주의 사회에서 이 문제에 뚜렷한 해답은 없다. 그저 부모님의 기대를 무리하게 맞추려 애쓰기보다는, 스스로의 일에 자부심을 가지고 행복하게 살아가고 있다는 점을 보여드리는 수밖에 없다. 만약 부모님이 꼭 다른 사람 앞에서 자랑거리를 찾고 싶어 하신다면, 2025년 내란 세력 척결에 시민사회가 크게 기여했다는 사실을 알려드리자. 혹시 TV나 유튜브, 그 외 언론 매체에서 인터뷰를 했다면 더 좋다. 어찌 된 일인지 부모님 또래 세대분들은 전파를 탔다 하면 성공했다고 생각하시기 때문이다(물론 농담이다).

셋, 루틴한 일상

MBTI의 P(인식형)냐 J(계획형)냐의 문제가 결코 아니라는 사실을 우선 밝힌다. 계획적인 사람이든 변수를 즐기는 사람이든, 오늘과 내일이 얼마나 다를지, 또 다르다면 어느 정도일지를 가늠하는 걸 싫어하는 이는 별로 없을 것이다. 하지만 나는 예측 자체를 애초에 포기했다. 세

무엇을 포기해야 하나요?

상이, 특히 대한민국이라는 사회가 워낙 다이내믹하기 때문이다. 솔직히 2024년 12월, 전쟁 중도 아닌 때에 계엄령이 선포될 것이라 예상한 사람이 있었을까. 연말은 차기 사업계획을 어느 정도 마무리하는 시기인데, 헌법재판소의 탄핵 인용과 조기 대선 국면을 거치며 시민사회 전체가 계획의 거의 절반을 뒤엎어야 했다. 일관성이 큰 부문 종사자라면 상상조차 하기 어려운 일정 변화였다.

누구든 애써 세운 계획이 무너지는 것을 반가워하지는 않는다. 그러나 마음을 비우고 익숙해지면 그 안에서도 의미를 발견할 수 있다. 계획을 바꿀 만큼 절실한 사안이 생겼다는 뜻이고, 그만큼 더 큰 역할과 영향력이 주어졌다는 의미이기 때문이다. 어차피 더 나은 세상을 만드는 일이 활동가의 목표라면 일상의 루틴에 매달릴 이유도, 변화무쌍한 상황을 무조건 부정적으로만 받아들일 이유도 없다.

넷, 의존적 성향

앞의 세 가지가 비교적 가볍게 던진 이야기였다면, 타인에게 책임을 미루거나 의존하는 성향만큼은 활동가가 무겁게 받아들여야 한다. 예를 들어, A전자 TV를 만드는 사람이 책임을 소홀히 해서 B전자 TV에 비해 매출이 떨어졌다고 가정하자. 이 경우 팀원의 인센티브 정도를 제외하면 사회에 큰 위협이 발생하지 않는다. 어떤 전략이 유효할지 판단하기 어려우면 타 부서에 책임을 넘겨도 치명적 문제는 생기지 않는다. 그러나 시민사회의 일은 다르다. 활동가가 내리는 크고 작은 판단 하나가 곧 수개월의 임금 체불 및 전세 사기 피해자, 기후 재난의 희생자 등 어려움에 처한 시민의 일상을 개선할 수도, 개악할 수도 있기 때문이다. 활동가 수가 적은 상황에서는 개인의 역할이 더욱 막중하다. 반드시 최고의 선택을 할 수는 없더라도, 최선을 다해 책임을 다하려는 태도가 필요하다.

그렇다고 해서 지나치게 무겁게 받아들일 필요는 없다. 이는 곧 활동가에게 주어지는 사회적 역할이 크다는 뜻이기도 하다. 시민사회에서는 책임의 무게가 곧 긍지와 의미로 환원된다. 물론 혼자 모든 부담을 지라는 말은 아니다. 책임을 나눌 수 있는 동료는 언제나 곁에 있다. 다만 자긍심을 품고 사회적 책임을 결과로 이끌어내는 데 최선을 다해보자는 의미로 이해하면 된다.

무엇을 포기해야 하나요?

너, 우리의 동료가 돼라!

만화 〈원피스〉의 주인공 루피의 대사, "너, 내 동료가 돼라!"를 떠올리는 사람이 있을 테다. 시민사회와 1인칭은 왠지 어울리지 않아 "우리"라고 써봤다. 이 단순한 문장은 사실 시민사회에서는 너무도 중요하면서도 결코 쉽지 않은 일이기에 다시금 강조하고 싶다. 나 자신에게 던지는 말이기도 하다.

집회 하나도 혼자서는 열 수 없다. 하물며 노동, 주거, 젠더, 기후처럼 거대한 불평등과 차별의 문제를 혼자 감당하는 것은 도저히 불가능하다. 시민사회의 변화는 '셀럽' 한두 명이 이끄는 방식으로는 결코 이뤄지지 않는다. 오히려 다수의 사람들이 '신뢰'로 서로 긴밀히 연결되고 각자의 장기를 최대한 발휘해야 겨우 조금의 변화를 만들어낼 수 있을 뿐이다. 이 과정에서 '동료'는 단순히 일을 함께하는 사람이 아니다. 서로를 신뢰한다는 것은 곧

'일로 만난 사이' 그 이상의 관계를 의미한다. 그래서 활동가들은 아무리 바빠도 회의에서 논의한 업무 외의 삶까지 서로 나누곤 한다. 그것이 곧 동료로서 관계를 맺는 방식이기 때문이다. 세상 모든 일이 협업과 분업으로 이뤄진다지만, 시민사회에서 '동료'라는 관계는 일반 직장의 팀원과는 다른 차원이다. 유난스럽다고 치부할 수 없는, 활동가에게는 필수적인 조건이다.

창업자들과 비교해 설명할 수도 있겠다. '계절의 목소리'가 위치한 사회주택은 처음에 창업인을 대상으로 모집했기에 오며 가며 마주친 청년 창업가들이 많았다. 또 '민달팽이주택협동조합'과 국무조정실 '청년정책조정위원회'를 담당하던 시기에도 업무 특성상 소셜벤처라 불리기를 기대하는 다양한 스타트업 종사자들과 겹치는 일이 잦았다. 스타트업 업계는 매일 열리는 행사가 교류회이자 네트워크 이벤트일 정도로 관계 맺기를 중요하게 여긴다. 이들의 언어는 청년 시민사회 단체와 닮아 있는 듯했지만, 미묘하게 다른 결도 있었다. 영리와 비영리라는 공식적인 구분 외에도 그 차이는 무엇일까, 곰곰이 생각했던 기억이 난다. 그때 두 가지 확실한 차이를 발견할 수 있었다. 첫째, 스타트업 생태계에서는 누구나 조직의 'EXIT(출구 전략)'를 염두에 두고 있었다. 둘째, 시장 경쟁 속에서 나 혼자라도 반드시 살아남아야 한다는 압박

감이 컸다.

활동가 네트워크/포럼 행사 '청년솔라시' (출처: 솔라시포럼)

EXIT를 위해서는 회사를 급격히 키워 최종적으로는 지분이나 회사를 매각해야 한다. 반면 시민단체는 애초에 급속한 확장이 어렵고, 무엇보다 사람은 바뀌더라도 단체는 활동을 이어가야 한다. 사회구조적 문제는 단기간에 해결되지 않기에, 단체의 존재 이유는 계속 남아 있다. 그래서 시민단체는 대표 한 명이 유능하게 경영한다고 해서 운영이 끝나는 조직이 아니다. 설립자가 중요한 역할을 하더라도 함께하는 활동가들과 가치를 공유하지 못하면 개인이 어긋나는 순간 단체도 흔들리고 운동 역시 부정적인 영향을 받는다. 끝이 보이지 않는 운동의 흐름에서 유능한 한 개인 활동가의 역할은 생각보다 제한적이다. 오히려 오래 함께할 수 있는 관계, 이상을 공유하며 인간적으로 응원과 지지를 나누는 관계, 설사 각기 다른 조직으로 옮겨도 신뢰로 연결되는 관계가 중요하다. 그래야만 비록 느리더라도 꾸준히 운동이 성장할 수 있다.

시민사회는 심지어 경쟁 체제도 아니다. 카드 게임을 하듯 나쁜 패를 숨기고 좋은 패만 보여줄 필요가 없다. 언젠가 경쟁자가 될까 신경 쓰는 일도 없다. 어차피 거대한 수익을 노리러 오는 곳도 아니고 모두 비슷한 조건에서 일하는 데다 사람 한 명 한 명이 귀하기 때문에, 옆 사람과 경쟁할 에너지가 아깝다. 오히려 서로 가진 패를 더 적극적으로 공유하고 연대 전략을 함께 세우는 것이 중요하다. 그렇게 신뢰가 쌓일수록 이해의 폭이 넓어지고 장기적인 비전을 편하게 논의할 수 있는 관계가 된다. 이런 동료 관계는 말 그대로 많으면 많을수록 좋다.

그리고 속된 말로 표현하자면, 시민사회에는 '위아래가 없다'. 물론 좋은 의미다. 최근 반년 동안 일과 후 모임을 돌아보니, 가장 많이 나갔던 자리 중 한 곳에는 81학번 활동가도 계셨다. 민주화 운동, 인권 운동, 세월호 참사 대응 등을 책임졌던 시민사회의 상징적 인물이면서도, 필요할 때는 편하게 만나 상의하고 함께 어울리는 동료이다. 단순히 어르신들과 잘 지낸다는 뜻이 아니다. 모든 조직이 그런 건 아니지만, 수평적 구조를 지향하는 많은 시민사회 단체에서는 동료의 범위가 나이나 기수에 한정되지 않는다. 시민사회의 이슈와 비전을 나눌 수 있는 관계는 세대를 가로지른다. 연차가 많은 활동가는 경험과 노하우를, 청년 활동가는 새로운 상상력과 에너지를 제공하며 함께 내일을 준비한다. 민주적 구조로 인해 다투기도 하고 의사결정이 느려지기도 하지만, 멋진 상사조차 동료가 될 수 있다는 점에서 위계가 분명한 일반 조직과는 아주 다른 매력을 가지고 있다.

새롭게 진입하는 청년 활동가들과 대화를 나누다 보면 세상을 바라보는 시선, 문제의식, 그에 기반한 지식에서 존경심이 느껴질 때가 많다. 이렇게 좋은 사람들이 함께한다는 사실은 큰 기쁨이고 설렘이다. 다만 이들의 주변에는 대개 회사를 다니거나 창업한 친구들이 많아 시민사회 특유의 동료 관계를 직접 경험해 보기는 어려웠을 것이다. 물론 일을 잘하는 것도 중요하지만, 동료를 만들어가는 시간은 그 이상으로 중요하다. 시민사회 진입 후 경험을 통해 감각을 채워갈 수 있으니, 지금 부족하다고 느끼더라도 고민할 필요는 없다.

말은 쉽게 했지만, 좋은 동료로서 관계를 맺는 일은 결코 간단하지 않다. 나 역시 늘 부족함을 드러내고 실망을 주기도 하며, 목표에 집중하다 보면 사람을 놓치기 일 쑤다. 그렇기에 스스로를 돌아볼 때마다 활동의 성과만큼 동료와의 관계가 깊어졌는지 확인하는 습관이 필요하다. 일반적으로 사회에서 만난 사람들과는 오래된 친구처럼 편하게 지내기 어렵다고들 하지만, 시민사회에서는 다르다. 여기서는 나이를 불문하고 친구이자 동료이자 동지가 될 수 있다. 이것이야말로 시민사회만의 특별한 '혜택'이다. 우리는 그것을 기꺼이 누리고 즐기면 된다.

못 보던 얼굴들이네요.
당신들은 누구입니까?

한때는 학생운동이 잘나가던 시절도 있었다고 한다(청년 활동가들에겐 유니콘 같은 시절이겠지만). 전대협, 한총련 같은 학생운동 조직이 사회 전반에 영향력을 끼치며 정치적 쟁점마다 주요한 주체로 등장했다. 그러나 이제는 그 시절에 태어나지도 않은 청년들이 대부분이다. 물론 오늘날에도 대학생 조직은 존재한다. 실제로 윤석열 퇴진 정국에서도 시민사회와 함께 대학생 조직이 참여했다. 다만 이들이 시민사회에서 차지하는 위상이나 역할은 그 시절과 사뭇 다르다. 가장 큰 이유는 '대학생'이라는 신분 자체의 위치성이 변화했기 때문이고, 또 하나는 대학의 사회적 위상이 약해졌기 때문이다.

지금의 청년 세대는 흔히 '부모보다 가난한 첫 번째 세대'로 불린다. 청년 세대 내 불평등 격차도 커서, 앞으로 10~20년 뒤에는 한국 사회의 불평등이 K자 곡선을 그리듯 더 극심해질 것이라는 전망도 있다. 이러한 불안을 가장 날카롭게 체감하는 것은 당사자인 청년들이다. 한때 4년제 대학 졸업장이 곧 사회적 엘리트의 지위로 이어지던 시절이 있었지만, 지금은 졸업 전부터 적은 기회를 두고 치열하게 경쟁해야 겨우 사회에 안착할 수 있다. 대학 진학 여부가 사회적 영향력을 보장하지 않고, 대학 내부에서도 경쟁이 심화되어 공적 목소리를 내는 힘이 약해졌다. 비단 대학만의 문제가 아니다. 비정규직이나 프리랜서의 삶, 전월세 세입자로 표상되는 청년 세대의 현실은 진취적이고 선도적인 이미지보다는 불안과 답답한 미래를 연상시키곤 한다. 사회·경제적 차원에서의 위치 변화만큼이나 이들의 위상이 시민사회 내에서도 과거보다 낮아졌다는 것을 부인하기 어렵다. 하지만 그럼에도 불구하고 계엄령 이후 탄핵 정국을 가장 힘 있게 이끌어낸 주축은 바로 2030 청년 세대였다. 영향력도 없고 미성숙하다는 기성 사회의 인식 혹은 취급과는 별개로 이들의 역할과 위치는 여전히, 아니 어쩌면 과거보다 더 중요해졌다고 할 수 있다.

시민사회 차원에서 '청년'을 다룰 때 주요한 키워드는 크게 두 가지로 나눌 수 있다. 하나는 '청년 담론', 다른 하나는 '청년 활동가'이다. 이 가운데 '청년 담론'은 시민사회를 넘어 사회 전체에서 꾸준히 소비되는 스테디셀러와 같다. '88만 원 세대', 'N포 세대' 같은 용어가 한 차례 사회를 휩쓸었고, 금수저·흙수저 담론은 자산·계층 대물림 문제를 청년 문제의 핵심으로 끌어올렸다. 이후에는 사회·경제적 맥락은 빠진 채 '맑은 눈의 광인'으로 희화화된 'MZ 세대' 분석이 유행처럼 번졌다. 'MZ 세대' 담론이 자기중심적인 청년을 조롱하는 의미로 사용되다 보니 당사자들조차 폭넓게 공감하기 어려워지자 잠시 청년 담론이 잠잠해지는 듯했지만, 곧 윤석열 퇴진 정국과 21대 대선을 거치며 응원봉을 들고 집회에 나선 여성 청년과 서부지법 폭동 및 남초 커뮤니티로 상징되는 '이대남'을 대비하는 젠더 이슈가 전면에 등장하며 청년 담론을 잠식했다. 각각의 옳고 그름을 떠나, 한국 사회가 시대마다 각양각색의 시선으로 청년을 규정해 온 것은 분명하다.

그러나 사회 구조, 계층, 계급 등 다층적인 맥락을 배제한 채 단순히 연령만으로 청년 집단을 규정하는 것은 사실상 불가능하다. 청년기본법에서 청년을 만 19세에서 34세로 규정한 것도 정책 대상의 범위를 명확하게 하기 위한 행정적 기준일 뿐이다. 실제 현장에서는 일자리 정책을 29세로 제한하거나 주거 정책을 39세까지 확대하는 식으로 각기 다르게 적용된다. 이렇게 모호함이 커질

수록 청년은 필요에 따라 자의적으로 해석되고 이용당하기 쉽다. 이대녀/이대남으로 단순화된 젠더 프레임, '건방짐'을 기본 전제로 한 MZ 세대, 수동성과 절망을 투영한 N포 세대 등은 일부 타당한 근거가 있기도 하지만 대체로 정치권, 언론, 기업 등 기성세대의 필요를 충족시키기 위해 청년을 특정한 틀에 가두고 소비한 경우가 대부분이었다.

인구구조 변화로 인해 대한민국의 청년 세대는 더 이상 국가의 허리 축이 아니게 되었다. 중위 연령이 높아지며 청년층이 사회의 중심 세력으로 자리 잡기 어려워진 가운데, 과거 한국 사회를 주도했다는 '기표'만 남고 실질적 권한은 사라졌다. 그 결과 청년들은 노동력만 일방적으로 제공하는 '열정페이'와 착취의 대상이 되거나 보여주기식 행사에서 얼굴만 내세운 채 버려지는 희망 고문을 반복해서 겪어야 했다. 또한 IMF 이후 확산된 비정규직·비전형 노동, 부동산 가격 폭등 등 불평등의 심화 속에서 사회적 '자유'와 '자립'을 이루기 위한 시간은 점점 늦춰졌다. 기성세대의 경로는 더 이상 참고할 만한 모델이 되지 못했고, 청년들은 언제 도착할지 모를 신기루 같은 성공을 좇아 사막을 걸어가는 처지에 놓였다. 답답한 일상과 미래에 대한 불안 속에서 무기력과 좌절, 각자도생 문화가 만연해지면 청년 세대가 지닌 사회적 동력은 약화될 수밖에 없다. 이러한 흐름에서 누군가는 '청년' 내지 '청년 담론'을 적절한 방향으로 전환하는 역할을 맡아야 했고, 스피커 역할을 맡을 주체는 다른 누구도 아니고 청년 세대가 되어야 했다. 그리고 바쁘디바쁜 청년 모두가 매일같이 거리로 뛰어나올 수는 없었기에, 자연스럽게 시민사회의 청년 그룹들이 그 주체를 자임했다. '청년 운동', '청년 정책', '청년 시민사회'라 불리는 분야가 바로 이런 배경에서 태동했다.

물론 청년 운동의 개념은 과거에도 존재했다. 독재 시절 청년들이 민주화를 위해 싸우던 활동도 청년 운동이라 불렸다. 오늘날의 청년 운동은 노동, 주거, 교육, 문화, 참여 등 청년 세대 내부 혹은 세대 간 사회·경제적 불평등 문제를 해결하기 위한 당사자들의 실천을 뜻한다. 2008년 반값등록금 운동의 확산, 2010년 최초의 세대별 노동조합 '청년유니온', 2011년 최초의 청년 세입자 조직 '민달팽이유니온'은 그러한 흐름의 상징적인 성과였다. 2010년 전후에 새로운 어젠다로 주목받은 청년 운동은 이후 서울시를 비롯한 지방정부의 청년 참여 거버넌스 출범과 함께 다채로운 청년들의 진입으로 성장해 갔다.

청년 운동은 어젠다와 주체의 차원에서 인상적인 성과를 남기고 있다. 편의점, 카페, 배달 음식 등 청년이 주를 이루는 초단시간 노동 현장에서 기존 노동운동이 채

우지 못한 사각지대를 조명했고, 막막하게만 여겨지던 주거 문제를 '청년 세입자'라는 정체성으로 묶어내며 새로운 주거 운동을 열어갔다. 노동, 주거, 문화, 교육 등 기존 운동이 접근하기 어려웠던 의제를 청년 당사자성이 뒷받침해 풀어낸 것이다. 특히 수도권에 집중되지 않은 주체의 다양성도 주목할 만하다. '전국청년정책네트워크'를 비롯해 청년 활동가들은 17개 지자체 전역에 고르게 분포해 있고, 조직보다 활동가 간의 연결을 중시하는 생태계를 구축했다. 이는 지역에서 새로운 방식으로 활동하려는 청년들에게 유연한 접점을 제공했고, 서로가 서로의 사례가 되면서 네트워크는 공고해졌다. 그리고 그 성과가 청년기본법 제정으로 이어졌다. 특히 지방정부의 청년 참여 거버넌스는 대학 사회가 위축된 이후 지역 청년과 시민사회를 잇는 새로운 고리 역할을 하고 있다.

청년 운동이 시민사회에 안착하면서 자연스럽게 '청년 활동가'에 주목하는 흐름도 나타나기 시작했다. 여기서 청년 활동가는 청년 운동 단체에 소속된 이들에 국한되지 않고, 다양한 단체에서 새로운 방식의 운동을 모색하는 청년 세대 전체를 포괄하는 개념이다. 또한 단순히 나이로만 구분되는 것도 아니다. 불평등 구조와 미래에 대한 불안 속에서 사회생활을 시작하며 운동의 방법론과 조직 문화, 지속 가능성을 시대 변화에 발맞춰 새롭게 고민하는 주체가 '청년 활동가'이다. 물론 기존 시민사회의 성공 공식을 단숨에 버리고 새로운 방식을 택하는 일은 쉽지 않다. 그러나 과거의 성과와 동력을 잃지 않으면서도 새로운 흐름을 만들어내려는 긴장감 있는 변화는 반드시 필요한 상황이었다. 바로 이 지점에서 '청년 활동가'의 등장은 마른하늘에 단비 같은 역할을 해낼 수 있었다. 예컨대 시민사회의 대안적인 공간과 수익 구조를 실험한 '계절의 목소리'는 청년 활동가들의 작지만 귀중한 성과이다. 윤석열 퇴진 정국에서 출범한 '윤석열(불평등) 물어가는 범청년행동'은 시민사회 안에서 신구 활동가들의 조화를 이끌어낸 사례로 평가할 수 있다.

불평등 물어가는 범청년행동 기자회견 (출처: 저자)

'청년 활동가'의 진입 경로나 활동 방식 역시 과거와 확연히 달라졌다. 청년 참여 거버넌스나 시민사회의 청년 사업을 통해 진입하는 비중이 늘어나면서 새로운 채널이 열린 것이다. 학생운동에서 시민사회로 이어지는 기존 경로가 위축된 상황에서 이는 중요한 전환점이었다. '세월호 세대'와 비슷한 또래라는 특수성 때문에 세월호 관련 활동으로 출발한 경우도 꽤 많다. 이들은 대학에서 운동을 '정석'대로 학습했다기보다는 시민 참여를 조금씩 이어가며 활동 규모를 키워왔기에, 선배 세대 활동가들과는 시민사회를 바라보는 관점이 다를 수밖에 없다. 노동자로서의 자기 인식, 시민과 만나는 방식, 중시하는 의제, 정파적 태도 등에서 차이를 드러냈다. 또한 프리랜서, 파트타임, 사이드 프로젝트 등으로 참여하는 이들이 많아지면서 소속이 불명확한 활동가도 늘었다. 이제는 조직보다 개인을 매개로 관계를 맺는 일이 더 자연스러워진 것이다.

이러한 변화는 긍정과 우려를 동시에 낳는다. 청년 활동가들은 분명 시대 변화에 맞춰 시민사회를 이끌 핵심 주체지만 정작 이들을 따뜻하게 맞이할 구조나 문화가 충분했는지는 긍정적으로 답하기 어렵다. 헌신이 당연시되던 중장년 활동가들의 입장에서는 조직이 어려운 상황인데 근로기준법을 따지는 신입 활동가들이 이해는 되더라도 쉽게 받아들이기 힘들 수 있다. 반대로 청년들은 '우리 모두 동등하다고 강조는 하지만, 정작 의사결정에는 참여하지 못한 채 과도하게 맡겨진 업무만 수동적으로 반복한다'는 생각에 소모된다는 느낌을 받을 수 있다. 시민사회 차원에서도 체계적인 교육 훈련이나 OJT(직장 내 교육)가 부족한 탓에 준비되지 않은 활동가들이 조직과 개인 모두에게 애매한 부담으로 남는 경우가 많다. 사실 이런 문제는 기업이라면 월급이나 복지로 해결되지만, 시민사회에는 그런 자원이 없다. 헌신적인 문화가 반드시 잘못된 것은 아니지만, 대안을 마련하지 못한다면 시민사회를 떠나는 청년 활동가는 더 늘어날 수밖에 없을 것이다.

오늘날의 사회 문제는 지나치게 복잡하고 고도화되었다. 과거처럼 독재나 자본이라는 단일한 적에 맞서 싸운다고 말하기조차 어렵다. AI와 플랫폼 등 산업 구조의 변화는 앞으로 운동의 방식 자체를 크게 흔들어놓을 것이다. 그렇기에 시민사회가 새로운 시대에 걸맞은 시스템과 체계를 갖추려 한다면 무엇보다 청년 활동가의 시선을 중심에 두어야 한다. 의사결정의 방식, 선배와 신입 모두가 능력을 충분히 발휘할 수 있는 구조, 지속 가능한 미래를 함께 그릴 수 있는 성장 트랙을 고려할 필요가 있다. 교과서적인 말처럼 들릴지라도, 신뢰와 존중, 이해를 바탕으로 관계를 맺는 방법을 서로 익혀 나가는 데서 출발하는 것이 그 첫걸음이 될 수 있다. 단순히 나이가 어리다고 청년들에게 무조건 특혜를 주거나 요구를 수용하라는 뜻이 아니다. 지난 십여 년간 청년 운동과 청년 활동가들이 쌓아온 경험과 성과를 돌아본다면, 그들이 시민사회의 구조를 개선하기 위해 충분히 제안할 준비가 되어 있음을 알 수 있을 것이다. 윤석열 퇴진 시국 때 세대를 넘어 시민사회 전체가 하나로 모여 탄핵을 이끌어 냈듯, 이후의 사회를 그려나가는 과정에서도 함께 머리를 맞댈 수 있는 조건은 이미 마련되었다고 할 수 있다.

못 보던 얼굴들이네요. 당신들은 누구입니까?

부록 4

AI는 활동가를 대체할 수 있을까?

나는 AI 전문가가 아니다. AI 시대가 도래했다고 하지만, 앞으로 어떤 직업이 사라지고 세상이 어떻게 변할지 절반도 맞출 수 있을 것 같지 않다. 다만 한 가지만 확신할 수 있다면, 웬만큼 기술이 발전하지 않는 이상 '활동가'라는 직업은 AI에 의해 대체되기 어렵다는 사실이다.

시민사회 역시 AI의 급속한 발전에 대응해 두 가지 차원의 논의를 활발히 진행하고 있다. 첫 번째는 AI 도입에 따른 활동 방식의 변화를 어떻게 준비할 것인가에 관한 고민이고, 두 번째는 AI 활용에 있어서 윤리적 기준을 어떻게 세울 것인가에 관한 토론이다. 후자의 문제 역시 중요하지만, 이 글은 우선 활동가라는 직업의 대체 가능성에 초점을 맞추고자 한다.

윤리적 원칙을 준수한다는 전제를 깔고 보자면, 사실 AI 덕분에 활동가의 일이 훨씬 수월해진 것은 사실이다. 활동가는 기획, 사무, 정책, 홍보 등 다양한 분야를 동시에 담당하는 직업적 특성 때문에 어느 한 분야에서 전문성을 깊게 갖추기는 어렵다. 예를 들어 홍보물을 제작할 때 디자이너만큼 세련된 결과물을 내기는 어렵고, 법안을 검토할 때 변호사만큼 전문적이기는 힘들다. 그래서 일을 제대로 해내기 위해 '선의의 전문가'들을 찾아 협업을 요청하곤 한다. 여기서 '선의'란 시민사회의 열악한 재정 상황을 감안해 전문가들이 자발적으로 비용을 할인하거나 재능을 기부해 주는 것을 의미한다.

그동안 흔히 반복되던 업무 과정을 떠올려 보겠다. 기획을 정리한 뒤 전문가에게 맡길지 여부와 예산을 두고 오랫동안 내부 논의를 하고, 결론이 나면 미안하면서도 고마운 마음으로 부탁을 드리는 과정이 늘 뒤따랐다. 상대가 너무 바쁘면 거절당하는 경우도 잦았다. 그런데 요즘은 그러한 부탁과 논의의 빈도가 눈에 띄게 줄었다. 녹취, 정책 자문, 디자인, 영상 제작 등 거의 모든 영역에서 AI를 활용하면 신속하면서도 수준 높은 결과물이 나오기 때문이다. 덕분에 서로에게 부담스러운 부탁을 하지 않아도 된다.

그렇다면 몇 가지 기술적인 부분을 넘어서, 활동가의 업무 자체도 언젠가 AI가 모두 대신하지 않을까? 이에 대해 나는 단호히 "아니오"라고 답할 수 있다. 적어도 지금까지는 어떤 AI도 활동가의 핵심 역할을 대체할 만큼의 역량을 보여준 적은 없다. '애드보커시'라는 활동가의 본질적 업무는 일상에서 많은 사람들이 스쳐 지나가는 이슈를 발굴해 내는 데 있다. 이를 위해선 다양한 경험과 훈련을 통해 얻은 '시선'이 필요하며, 특히 주목받지 못했던 당사자들의 목소리에서 비롯되는 경우가 많다. 기존의 주류 데이터만으로는 이러한 문제를 추출하기 어렵다. 활동가가 만들어내는 주요 성과물은 현장에서 수많은 사람들을 직접 만나고 소통하며 공감하는 과정에서 드러나는 문제의식이다. 비주류적

자료와 소수자의 목소리를 구할 수 있고, 이를 기반으로 올바른 질문을 던질 수 있는 능력은 AI가 쉽게 대체하기 힘든 영역이다.

또한 여러 이해관계 속에서 '조정'을 하고, 약자를 우선하는 '선택'을 내리는 과정은 단순한 통계적 계산이나 기계적 판단으로 해결되지 않는다. 사람과 사람 사이의 관계, 사안의 맥락을 종합적으로 고려해야 하며, 비록 완벽하지 않더라도 책임 있게 결정을 내리는 과정이 필요하다. 무엇보다 관련 당사자들은 활동가와 함께 논의하고 선택한 결정에 공감하기 때문에, 모든 문제가 즉각 해결되지 않더라도 연대의 힘을 이어갈 수 있다. 만약 이러한 과정을 AI가 대신했다면, 결정에 대해 납득하는 사람도 거의 없을 것이고 연대의 가능성도 크게 약화되었을 것이다.

앞으로 AI는 활동가의 업무를 보조하는 유용한 도구로서 그 역할을 더욱 넓혀갈 것이다. 그러나 기술적 효율성이 아무리 커지더라도, 사람과 사람 사이의 관계 속에서 드러나는 공감, 책임, 연대의 가치는 대체되기 어렵다. 오히려 AI 발전으로 인해 많은 직무가 대체되는 가운데, 활동가의 본질적인 사명과 역할은 '사람'이 AI보다 우선될 수밖에 없다는 이유로써 더욱 조명되고 존중받는 날이 올 수도 있다.

따라서 활동가라는 직업을 고려한다면 적어도 AI와 관련해서는 자신감을 가져도 좋다. 특히 AI를 두려워하기보다 이를 능동적으로 활용해 현장의 목소리를 시민들에게 친숙하고 효과적으로 전달해야 하는 방법을 고민할 필요가 있다. 동시에 AI 시대에도 흔들리지 않는 윤리적 활용 원칙도 분명히 가져야 한다. 기술이 어떻든 세상이 어떻게 바뀌든, 사람의 목소리와 연대의 가치는 이어져야 한다. 이 점에서 활동가라는 직업은 단순히 살아남는 것을 넘어, 앞으로의 시대를 더욱 의미 있게 이끌어가는 직업으로 자리매김할 수 있을 것이다.

7부
변화를 위한 제안들

나, 너, 우리가 안전하게 성장할 수 있도록

공익활동가들의 사회 안전망을 마련하고 공제사업 등을 추진하기 위해 설립된 사회적 협동조합 '동행'은 2021년 '활동가의 지속가능한 공익활동지수 연구'를 진행했다. 그 결과 '활동 만족도', '활동가 정체성', '조직 문화', '동료 관계'는 높은 점수를 기록했지만, '건강', '스트레스', '학습과 쉼', '역량', '급여 지수'는 상대적으로 낮게 나타났다. 활동가들은 전반적으로 직업 만족도가 높지만, 생활의 지속성을 보장하는 토대는 여전히 취약하다는 사실이 드러난 것이다. 이는 곧 시민사회의 구조적 한계와 맞닿아 있다. '공익활동'이라는 가치는 활동가에게 긍정적인 에너지를 제공하지만 그 가치를 오래 지탱할 수 있도록 뒷받침하는 제도적 장치는 아직 부족하다. 특히 '돌봄', '회복', '성장'의 부재는 활동가 개인의 문제를 넘어 시민사회 전체의 미래와 내실에도 직접적인 영향을 미친다. 더 많은 활동가들이 오래도록 함께할 수 있는 건강한 생태계를 만들려면, 단기간에 해결하기 어려운 '급여' 문제는 차치하더라도 최소한 '안전망'과 '커리어'에는 더 큰 관심을 기울여야 한다.

① 안전망

타인의 삶을 돌보고 보호하는 일을 하는 사람들이 정작 자신의 일상은 돌보지 못하는 경우가 많다. 눈앞에서 세입자가 쫓겨나고 노동자가 해고되는 상황에서, 6시가 되었다고 태연히 퇴근할 수 있는 활동가는 드물다. 그렇게 야근은 일상이 되고, 관심은 늘 타인에게 향해 있다 보니 정작 자신의 몸과 마음이 무너지는 신호를 알아차리지 못한다. 영세한 조직에서 사내 복지를 기대하기는 어렵고, 낮은 급여 탓에 보험 가입이나 자산 모으기도 쉽지 않다. 겉보기에는 생활을 이어가는 데 큰 지장이 없을 만큼의 월급일 수 있으나, 건강에 위기가 닥쳐 큰돈이 필요해지는 순간을 대비할 만한 경제적 안전망은 없는 것이다. 그래서 열심히 활동하면서도 머릿속에서는 미래에 대한 불안을 떨쳐내지 못한다. 안타깝게도 이런 불안을 현실로 확인하게 만드는 소식이 잊을 만하면 거듭 들려온다.

 이런 맥락에서 지금은 3천 명이 넘는 활동가가 가입한 사회적 협동조합 '동행'의 존재가 더욱 반갑다. '동행'은 바로 이 안전망의 부재를 보완하기 위해 탄생했다. 시작은 2010년, 한 활동가의 안타까운 죽음이었다. 동료들 역시 그저 지켜볼 수밖에 없는 슬픈 경험이었다. 소중한 사람을 떠나보내고 나니 활동가들에게 안전망이 얼마나 절실한지 뼈저리게 깨달았다. 그러나 개별 조직이 감당할 수 있는 일은 아니었기에, 시민사회 전체가 단체의 구분을 넘어 함께 모이기로 했다. 당장 풍족한 자원을 마련하기는 어려웠지만 상부상조할 수 있는 최소한의 시스템만 갖추어도 위기 상황에서 의지할 작은 버팀목이 될 수 있었다. 그렇게 연대와 자조를 기반으로 활동가 전반의 안전망을 구축하려는 시도가 '동행'으로 구체화되었다.

 어느덧 '동행'의 시도는 10년을 넘어섰다. 지금은 긴급히 자금이 필요할 때 지원하는 대출 사업, 사망·질환·경조사에 대응하는 상호부조 사업, 건강검진과 재충전을 돕는 사회 안전망 사업, 그리고 활동가의 사회적 인정 문화를 확산하는 노력으로 이어지고 있다. 대기업 복지처럼 거창하진 않지만 그 자체로 귀한 연대의 결실이다. 더불어 '동행'뿐 아니라 다양한 주체들이 활동가들의 안전망을 마련하기 위해 각자의 현장에서 분투 중이다. '브라이언 임팩트 재단', '이한열기념사업회' 등은 '활동가 펠로우십'을 통해 활동비를 직접 지원하며, '인권재단 사람'이나 '아름다운 재단'을 비롯한 여러 공익재단들도 활동가의 안전망을 핵심 의제로 삼아 지원 프로그램을 설계하고 있다.

물론 아직 갈 길은 멀다. 활동가의 안전망이 시민사회의 최우선 과제라고 주장하려는 건 아니다. 다만 거대한 현안과 목표 앞에서 개인의 삶이 뒷전으로 밀려나는 경우가 잦은 것은 분명한 현실이다. 여전히 일부 의사결정권자들은 주위를 돌아보기보다 앞으로만 달리려는 경향을 보이곤 한다. 그러나 자신을 돌볼 수 있어야 사회도 돌볼 수 있다. 세상의 문제는 오늘도 내일도 끝없이 이어지며, 일은 늘 차고 넘친다. 성과를 높이기 위한 욕심이 아니라면 오히려 장기적으로 멀리 바라보고 차근차근 변화를 쌓아가는 방식이 더 합리적이다. 어떤 계획을 세우든 그 안에 활동가의 건강한 하루하루를 고려하는 문화가 반드시 정착해야 한다. 다행히 소중한 시도들이 하나둘 성과를 거두고 있다. 지원금을 얼마나 주느냐를 넘어 한정된 자원 속에서 활동가의 안전망을 효과적으로 마련하는 방법, 시점, 기준을 고민하는 다양한 공제와 사회보장 모델이 등장하고 있다. 개별 조직이 홀로 감당하기 어렵다면 시민사회 전반에서 추진하고 있는 사례들을 참고하면 된다. 특별한 각오가 필요한 일이 아니다. 세상에 관심을 두는 만큼 함께 일하는 동료에게도 관심을 잃지 않는 것. 안전망은 거기에서 출발한다.

② 성장

안전망과는 결이 조금 다르지만, 활동가로서의 '성장'에 대한 관심 또한 부족했다. 과거에는 신입 활동가라 해도 학생운동 등에서 수년간 경험을 쌓은 경우가 많아 시민사회에 빠르게 적응할 수 있었고, OJT 같은 직무 훈련 프로그램을 체계화할 필요성도 크지 않았다. 그러나 이제는 상황이 달라졌다. 기존 경로는 더 이상 흔치 않고, 오늘날 현장은 분야와 활동 방식, 유형이 무척 다양해졌다. 처음 시민사회를 접하는 저연차 활동가들에게는 낯설고 어려운 일이 쏟아질 수밖에 없다. 직무에 대한 학습 부족은 물론 큰 숲을 바라보는 시야나 네트워크의 부재도 이들의 어려움을 키운다. 기존 활동가들은 바쁜 일정 속에서 교육까지 책임지기 어려웠고, 많은 조직에서 소위 '인적자원개발HRD' 영역은 사실상 방치될 수밖에 없었다.

'HRD'라는 표현이 다소 기업스럽고 사람을 자원화하는 느낌을 주기도 하지만, 핵심은 '교육 훈련'과 '경력 개발'이다. 가르침 없이도 '알아서 잘 딱 깔끔하고 센스 있게' 일하는 인재가 갑자기 시민사회에 나타나 주길 기대할 수는 없다. 누구나 적절한 교육 과정을 거쳐 훈련을 마치면 자신 있게 성과물을 낼 수 있는 시스템을 갖추어야 시민사회 전반이 꾸준히 변화해 나갈 수 있다. 물론 의제와 업무 특성이 천차만별이긴 하지만, 매뉴얼로 정리할 수 있는 주요 업무들도 분명히 존재한다. 또한 교육은 단순히 직무에만 국한되어서는 안 된다. 시민사회 활동의 본질은 '연대'에 있다. 어디에서 누가 어떤 활동을 하고 있는지를 체계적으로 개방하고 연결해야 저연차 활동가들이 넓은 시야를 확보하고 판단할 기회를 얻을 수 있다. 실제로 윤석열 퇴진 정국을 주도했던 청년 활동가들이 가장 좋았다고 꼽은 점 중 하나는, 평소 접하기 어려웠던 다른 분야의 활동가들과 교류할 수 있었다는 점이었다. 이는 시민사회가 반드시 진지하게 받아들여야 할 대목이다. 물론 매번 계엄령 같은 중대한 사건이 반복되기를 바랄 수는 없다. 그렇기에 큰 사안이 아니더라도 일상적으로 접근하기 쉽고 개방된 정보망이 마련되어야 한다. 이러한 연결의 도구에 대해서는 뒤에서 조금 더 다루고자 한다.

다른 직군에 비해 체계적인 커리어 경로가 부족하다고 느끼는 경우도 많다. "몇 년 활동하다 보면 동료들이 하나둘 정치에 출마하거나 보좌진으로 가고, 아니면 대학원으로 가더라"는 어느 활동가의 볼멘소리를 결코 가볍게 들어서는 안 된다. 연차가 쌓여도 전문성을 인정받기 어렵고, 심지어 시민단체의 상층부조차 현장 경험이 부족한 교수나 전문직 종사자가 채우는 경우가 많다. 한국 사회 특유의 유교적 문화 탓에 '사士'자가 들어가는 직업을 중시하는 분위기는 어쩔 수 없다고 하더라도, 시민사회 안에서조차 활동가의 전문성과 역량을 과소평가할 이유는 전혀 없다. 그럼에도 불구하고 이러한 문화가 여전히 남아 있는 현실이 답답하기만 하다. 그렇다고 자기 PR을 잘하는 능력을 존중하는 문화도 아니다. 커리어를 적극적으로 관리하면 '부담스럽다'는 시선을 받고, 경력을 쌓아도 월급은 별로 오르지 않으며, 사회적 권한이나 영향력을 가질 기회는 외부 전문가에게 넘어가 버린다. 결국 일 자체는 멋지고 보람되지만, 직업으로서는 매력이 희미해지는 것이다.

시민사회의 영향력은 과거보다 위축되었고 청년 인구도 줄고 있다. 그렇기에 사회적 가치 실현을 고민하는 시민들을 공무원, 정당, 기업이 아닌 '활동'의 영역으로 유입시키려면 그만한 매력이 필요하다. 그런데 지금의 시민사회는 커리어 관점에서 어필하기에는 여전히 부족한 지점이 많다. 그럼에도 불구하고, 내세울 장점이 무수히 많다는 점 또한 분명하다. 단적으로 계엄을 일으킨 내란 세력을 불과 몇 달 만에 물러나게 한 경험이 그렇다. 그간의 현대사를 돌아보아도, 사회를 대대적으로 개혁할 의제와 기획을 만들어낸 주체는 정당이나 기업보다 시민사회였다. 새로운 아이디어와 해결책을 실험하고 사회의 다양한 권리를 보장하며 사회적 가치를 창출하는 경험은 시민사회에서만 누릴 수 있는 특별한 자산이다. 조직마다 차이는 있겠지만, 활동가 개인에게는 혁신적이고 창의적인 사고가 습관화되고 빠른 성장이 가능한 공간이기도 하다. 다만, 이렇게 풍부한 장점을 지녔음에도 달라진 시대의 흐름에 맞게 어필하지 못했을 뿐이다. 지금부터라도 하면 된다.

③ 연결의 도구

솔직히 말하면, 성공한 기획보다 실패한 기획이 훨씬 많다. 그중 대표적인 사례가 나름 심혈을 기울였으나 지금은 운영을 멈춘 공익활동가 커리어 플랫폼 '소셜부스'다. 활동가의 성장이나 네트워크, 조직 개선을 위해 과거 방식을 그대로 답습해서는 미래를 그리기 어려웠다. 온라인 플랫폼이 일상이 된 시대에, 시민사회에도 활동가들의 수요에 맞는 커리어 플랫폼이 하나쯤 필요하다는 의견이 청년 활동가들 사이에서 꾸준히 나왔다. 그렇게 온라인 기획에 관심 있는 청년 활동가들이 모여 '소셜부스'를 만들기 위한 팀을 꾸렸다.

'플랫폼'이라는 단어가 다소 영리적 뉘앙스를 주긴 하지만, 사고방식의 작은 전환이 필요했다. 단순한 '사명감'이 아니라 '직업적 성장'의 관점에서 활동을 바라보자는 것이 플랫폼의 목표였다. 모델은 영리 영역에서 차용했다. 예를 들어, 개인 포트폴리오를 효과적으로 정리하고 연결하는 '링크드인', 직장 리뷰를 모아 제공하는 '잡플래닛', 구인·구직의 대표 플랫폼인 '사람인'의 기능을 시민사회 버전으로 구현한다면 어떨까? 사회운동에 새로 진입하는 활동가, 이직을 고민하는 활동가 모두에게 실질적인 도움이 될 수 있으리라 기대했다.

특히 관심을 가졌던 콘텐츠는 활동가만의 '포트폴리오 개발'이었다. 세상을 바꾸는 데는 누구보다 전문적인 사람들이지만 정작 '나의 직업'을 체계적으로 관리하는 문화는 시민사회에 부족했다. 단순히 이력서를 정리하는 수준이 아니라, 활동가가 스스로 경력의 의미를 재정의하고 자기 언어와 장기적 비전을 그릴 수 있도록 돕는 작업을 해보고자 했다. 경로를 다양하게 보여주고, 시민사회 안에서도 체계적으로 성장할 수 있다는 메시지를 분명히 담고 싶었다. 현장의 감각을 전문성과 업무 역량으로 연결해 커리어를 관리할 수 있도록 지원하는 프로그램을 시도한 것이다.

또한 구인·구직 시장의 미스매칭 문제도 간과할 수 없었다. 구직자는 포트폴리오조차 정리해 본 적이 없는 경우가 많고, 구인하는 단체 역시 명확한 인사 기준을 갖추지 못한 곳이 많다. 그렇다고 이를 기존 단체들의 문제라고 보기는 어렵다. 워낙 여력이 없는 상황이기 때문이다. 다만 커리어 플랫폼 차원에서 적절한 도구와 가이드를 제공한다면, 미스매칭을 줄이고 시민사회 내에서 오래 활동을 이어갈 수 있는 활동가도 늘어날 것이라는 기대가 있었다.

그러나 문제도 있었다. 가장 큰 원인은 실력이 부족했다는 점이겠지만, 2년간 운영하면서도 수익 구조를 전혀 마련하지 못했다. 플랫폼이 성공하려면 세련된 UI나 고도의 기술보다 꾸준히 제공되는 양질의 정보가 핵심인데, 이를 위해서는 전담 운영자의 역할이 필수적이었다. 결국 인건비 문제를 해결하지 못한 채 플랫폼은 방치될 수밖에 없었고, '유의미한 역할을 하지 못할 바에 차라리 박수칠 때 물러나자'는 판단 끝에 설립자들과 함께 운영을 종료하기로 결정했다.

'연결의 도구'를 위해 청년 활동가들이 2년간 실험한

기획의 경험은 결코 헛되지 않았다. 오히려 지금이야말로 시민사회가 청년 활동가들의 경력 개발 방안을 마련하는 데 최선을 다해야 할 시점임이 분명하다. 콘텐츠 자체의 만족도는 높았지만 비즈니스 모델의 부재로 서비스를 종료해야 했던 만큼, 이를 보완할 수 있는 지원 체계나 더 나은 모델이 등장한다면 그간의 시행착오가 값진 노하우로 빛을 발할 수 있을 것이다.

'소셜부스' 외에도 다양한 활동가들이 연결의 도구를 만들기 위해 여러 방식의 시도를 이어왔다. 예컨대 '구 서울시 NPO지원센터'와 같은 중간지원조직은 공공 플랫폼을 운영하며 OJT와 유사한 활동가 역량 강화 프로그램을 기획했고, 비영리 활동가 학교 '엣지'는 학교의 형태로 체계적인 교육 과정을 제공하고 있다. 또 '솔라시' 포럼은 매해 2박 3일 동안 전국의 활동가들을 모아 연결과 토론의 장을 열고 있다. 이처럼 이미 축적된 경험만으로도 시민사회는 충분히 다양한 기획에 도전해 볼 수 있다. 교육이든 네트워크든 커리어든 역량 개발이든, 시민사회가 서로를 더 깊게 연결할 수 있는 기반을 닦아놓는다면 잠재력은 얼마든지 극대화될 수 있다. 우리가 자신 있게 내세울 수 있는 콘텐츠는 무궁무진하다. 이제는 어디에 내놓아도 손색없는 매력을 지닌 도구들을 제대로 기획하고 실행에 옮길 차례다.

나, 너, 우리가 안전하게 성장할 수 있도록

평균 40대 운영진은 어떨까?

나이에 큰 의미를 두고 싶지는 않다. '젊은 꼰대'도 많고, 반대로 감수성이 풍부한 노년층 활동가도 쉽게 만날 수 있기 때문이다. 청년이라는 이유만으로 철학이나 역량과 무관하게 마이크를 쥐여주는 사회적 흐름 역시 바람직하지 않다고 생각한다. 중요한 것은 연령이 아니라, 민주적 의사결정에 따라 각자의 역할을 충실히 수행할 수 있는 구조와 공동체이다.

그러나 현실의 시민사회는 권한과 책임을 균형 있게 분배하는 데 어려움을 겪고 있다. 앞서 언급했던 커리어 플랫폼 '소셜부스'에 올라온 시민단체 리뷰를 살펴보면, 현장 활동가들이 가장 크게 아쉬워한 지점 중 하나가 바로 '운영진'이다. 조직의 사회적 가치를 충분히 공감하고 동료를 신뢰하면서도, 운영 주체의 문제로 힘을 잃는 이가 많았던 것이다. 특정 연령대에 권한이 집중되는 현상은 그 세대 자체의 문제라기보다 세대교체와 온보딩Onboarding(신입 직원이 효과적인 조직 구성원이 되는 데 필요한 지식, 기술 및 행동을 교육하는 프로그램) 구조가 제대로 설계되지 않은 탓이 클지도 모른다. 권한과 경험이 일부에게만 축적되는 구조에서는 다음 세대를 준비하기가 어렵다.

운영진의 세대 다양성이 낮은 이유는 사회적, 역사적 맥락에서도 찾아볼 수 있다. IMF, 저성장, 코로나 시기를 거치며 시민사회 활동가들이 성장할 수 있는 모델이 충분히 마련되지 못했다. 민주화 운동과 산업화의 흐름 속에서 확장되었던 시민단체의 전성기 모델을 오늘날 그대로 적용하는 건 불가능하다. 새로운 운동 주체가 자라기에는 환경이 척박했고, 결과적으로는 성공의 기회와 경험, 네트워크가 축적된 이들에게 자원이 집중될 수밖에 없었다. 여기에 한국 사회 전반의 고령화가 겹치면서, 세대적 적체 현상은 시민사회뿐 아니라 영리 기업에서도 흔히 볼 수 있게 되었다. 결과적으로는 자원이 관성적으로 집중되면서 시민사회가 새로운 시대에 맞게 색깔을 다양화하고 활력을 불어넣는 과정에서 어려움이 발생했다.

다양성의 상실은 시민사회의 가장 큰 강점이었던 현장성과 역동성의 축소로 이어지기 쉽다. 방향과 업무를 지시하는 주체가 특정 집단에 한정되다 보니, 다양한 대중을 설득해야 하는 시민사회의 방법론 역시 제한적일 수밖에 없다. 더구나 지시하는 주체와 집행하는 주체가 잘 순환되지 않으니 서로의 영역에 대한 이해도 낮아졌다. 모두가 새로운 운동, 리더십, 주체, 동력을 길러내야 한다는 필요성에는 공감하지만, 시행착오조차 허락되지 않는 구조는 저연차 활동가들이 '더 나은 내일'을 상상하기 어렵게 만든다.

비슷한 현상을 학계에서도 찾을 수 있다. "중장년 교수들이 술자리에 모여 요즘 젊은 연구자들은 사회 참여에 관심이 없다며 한탄할 때, 정작 그 젊은 연구자들은 중년 교수가 시킨 일을 밤새서 하느라 술 마실 시간도 없다"는 자조적인 농담도 유명하다. 시민사회에 그대로 대입해도 크게 어색하지 않다. 권한 분배의 실패는 상호 신뢰를 약하게 만들고, 리더십의 상실로까지 이어졌다. 고연차 활동가들은 옛날 같지 않은 동력에 답답함을 호소하고, 저연차 활동가들은 장기적인 비전이 보이지 않아 소진되는 악순환이 반복되는 것이다.

그러나 윤석열 퇴진 광장의 중심에 청년들이 섰다는 사실은, 이제 시민사회 내부의 중심축이 본격적으로 변화할 때가 되었다는 것을 알려준다. 단순히 '젊다'는 이유로 중요한 자리를 내어주라는 뜻이 아니다. 내란 정국을 극복하는 과정에서 시민들이 직접 목격했듯 청년 활동가들은 눈부신 활약으로 이미 역량을 입증했다. 지난 십여 년간의 경험과 성과를 돌아보더라도 지금 당장 실력을 발휘할 준비가 된 청년 활동가들이 무척 많다. 실제로 기획의 의사결정권이 분산되자 수십 년간 이어온 대중 집회의 패러다임이 바뀌었다. 집회가 시민들에게 '이렇게나 즐거울 수 있는 경험'으로 다가간 것이다. 이는 시민사회가 다시는 놓칠 수 없는 소중한 성과이자, 경험과 역량이 쌓여 있음은 물론 긍정적인 결과까지 낼 수 있다는 것을 증명한 계기가 되었다.

시민단체의 고려장을 치르자는 이야기는 결코 아니다. 장년의 활동가 역시 충분히 실무를 배우고 집행할 수 있으며, 현장에 단련된 활동가가 내리는 의사결정도 조직 발전에 큰 자산이 될 수 있다. 노동에는 귀천이 없다는 사실을 부정할 사람도 없을 것이다. 영화 〈인턴〉 속 30대 CEO와 70세 비서의 시너지가 그러했듯, 세대를 뛰어넘는 협업은 시민사회에서도 충분히 기대할 만하다.

현재 나는 100여 개 사회주택 단체의 연합체인 '한국사회주택협회' 협회장을 맡고 있다. 부족한 실무·정무적 역량과 네트워크는 30년 차 중년 활동가의 지원을 받으며 보완한다. 청년 입주자가 대부분이라는 사회주택의 특성을 이해하는 동시에 기동력 있는 대표자가 전국을 직접 누비며 정책 확장에 힘을 보탠다는 평가를 받고 있다. 함께하는 동료를 굳이 떠나보내지 않으면서도 세대와 역할

평균 40대 운영진은 어떨까?

의 조합을 통해 새로운 가능성을 만들어가는 방식이다.

정무적 판단, 의제와 정책 개발, 조직 운영의 중심축을 과감히 바꿔본다면 어떨까. 새로운 세대에게는 더욱 따뜻한 환대의 문화를, 조직에는 지속 가능하고 건강한 구조를, 시민에게는 더 친절한 시민사회를 선물할 수 있을 것이다. 수십 년간 이어진 대중 집회의 방식을 바꾸며 시민들에게 집회 참여가 '즐겁다'는 경험을 선사했던 것처럼, 시민사회의 중추를 담당할 수 있는 이들에게 힘을 실어야 한다.

만약 이름만 들어도 알 수 있는 주요 시민단체와 NGO의 의사결정 기구가 평균 연령 40대, 균형 잡힌 성비로 구성된다면 어떨까. 현장에서는 여전히 중장년의 베테랑 활동가들이 활약하고 청년과 중견 활동가가 함께 어우러진다면, 그 시너지는 단순히 문서 위의 변화에서 그치지 않을 것이다. 회의록 한 장부터 달라질 것이고, 새로운 상상력이 힘을 얻을 것이다.

시민사회에는 청년뿐 아니라 10~20년 가까이 조직을 지탱하며 신뢰를 쌓아온 수많은 활동가들이 있다. 다양성을 전폭적으로 지원하는 리더십이야말로 시민사회의 새로운 미래를 열 수 있는 힘이다. 권한이 다양성으로 채워질 때, 시민사회는 더 단단하고 흥미로운 내일을 그려갈 수 있을 것이다.

우리만 아는 대화를 조금 줄여보면 어떨까?

　'계절의 목소리'가 들어선 건물에는 47세대의 청년이 살고 있다. 사회주택 운영사인 '민달팽이주택협동조합'이 국토교통부와 함께 시범사업으로 도입한 창업인 '특화형 임대주택'의 하나이기 때문이다. 입주자의 절반가량이 창업 관련 청년들이다 보니 '계절의 목소리' 역시 이들에게 할인이나 지원 혜택을 제공하고, 종종 창업 관련 행사로 공간 대관이 이루어지기도 한다. 그렇게 오며 가며 대화를 듣다 보면 그 내용의 90% 이상이 영어 단어로 채워져 있어 놀랄 때가 있다. 유튜브나 온라인 커뮤니티에서 소셜섹터나 스타트업 사람들을 두고 농담처럼 이야기되던 화법을 실제로 보게 된 것이다.
　예컨대 "이 project에 involve하면서 우리 organization의 BM과 mission이 develop되었어요." 같은 식이다. 조사를 제외하면 거의 전부 영어 단어다. 이런 화법은 온라인에서 대중들이 소셜섹터를 어떻게 인식하고 있는지 엿볼 수 있어 흥미롭기도 하지만 동시에 이런 화법을 부정적으로 바라보는 뉘앙스도 느껴진다. 물론 해외 개념을 국내로 들여오며 정확한 의미 전달이 필요하다 보니 영어를 쓰는 경우가 많다. 또한 새로운 영역을 개척할 때 쏟아지는 의문과 불신을 이겨내려면 스스로를 전문가처럼 드러낼 필요도 있다. 선례를 중시하는 한국 사회의 문화를 고려하여, 해외 사례를 강조하는 과정에서 영어가 반복적으로 등장하는 것도 충분히 이해할 수 있다. 실제로 유학파 교수들도 비슷한 문장을 구사하니, 학계와의 접점을 고려한 전략일 수도 있다. 문제는 이러한 대화 습관이 일반 대중에게는 조롱 섞인 유머 소재로 인식될 수 있다는 점이다. 시민과의 사이에서 장벽이 될 수도 있다는 뜻이다.

비단 스타트업만의 이야기가 아니다. 시민사회와 시민이 공통의 언어를 만들어가려 한다면, 그것이 시민들에게 '전문가들만의 암호'처럼 들리지 않도록 조율해야 한다. 전통적인 시민사회 안에서도 여전히 소위 '사투리'라 불리는 폐쇄적 언어 습관이 남아 있다. 예컨대 윤석열 탄핵 시국에 수많은 시민이 광장으로 모였을 때, 행진 음악, 구호, 발언을 원활히 하기 위해 여러 대의 트럭을 빌려 사용했다. 활동가들은 이를 너무 익숙하게 "선동 차량

몇 번"이라고 불렀다. 실제로 한 활동가는 차량 위에서 자연스럽게 "3호차 선동 차량에 함께하는 여러분!"이라고 외쳤다. 하지만 시민사회에 익숙하지 않은 지인이 불만을 토로하길, 이미 같은 의제에 공감해서 참여한 사람들인데 이들을 '선동'시킬 게 아니라면 굳이 '선동 차량'이라는 표현을 써야 하냐는 것이었다. 그 순간 깨달았다. 유튜브와 자극적인 미디어가 대중화된 시대에 '선동'이라는 단어의 뉘앙스는 과거보다 훨씬 부정적으로 변했다. 무심코 던진 한마디가 시민과 시민사회의 거리를 단숨에 벌려놓을 수도 있다고 느꼈다. 나 역시 내부자라 인지하기 어려웠는데, 지금 생각해 보니 '연대 차량', 혹은 더 명확히 하고 싶다면 '진행 차량' 정도로 불러도 충분했을 것이다. 용어 하나가 관계를 가깝게도 멀게도 만든다는 점을 다시금 깨닫게 되었다(이러한 문제의식은 시민사회 전반에서 대부분 고민하고 있기에, 앞선 일화가 있고 얼마 지나지 않아 차량을 부르는 명칭은 바뀌었다).

외래어나 학술 용어를 대중적 언어로 바꾸지 못해 시민들과의 소통에 어려움을 겪는 경우는 흔하다. 대표적인 예가 '애드보커시'이다. 시민사회에 익숙한 사람들에게는 자연스럽지만, 처음 접하는 시민에게는 직관적으로 의미가 와닿지 않는다. 한국에 비교적 늦게 유입된 '퀴어', '섹슈얼리티'를 다루는 분야의 단어들도 비슷한 문제

우리만 아는 대화를 조금 줄여보면 어떨까?

를 겪는다. 내부에서 자주 쓰다 보면 그 언어가 경계 바깥에서는 낯설게 받아들여진다는 사실을 쉽게 잊을 수 있다. 물론 어떤 개념은 대체할 단어가 마땅치 않다. 그렇다면 최소한 '누군가에게는 처음 듣는 말일 수 있다'는 전제를 두고 친절하게 풀어 설명하는 태도가 필요하다.

사실 언어의 이질성은 다양한 영역에서 문제가 된다. MZ세대를 겨냥한 '심심한 사과' 논쟁에서 보았듯, 같은 한국어를 쓰면서도 세대별로 의미가 달라질 수 있다. 공학 전공자들과 대화할 때 느껴지는 거리감 역시 마찬가지다. 공무원, 의사, 법조인 등도 자신들만의 언어를 적극적으로 사용하면서 차별성을 드러낸다. 심지어 영국의 귀족들은 의도적으로 배타적인 언어를 쓴다고도 하니, 인류 역사의 관점에서 보더라도 낯선 현상은 아닌 셈이다. 그러나 폐쇄적인 은어로 특권을 공고히 하는 집단이나 기술적으로 적확한 소통을 위해 불가피하게 전문 용어가 필요한 영역과 달리, 시민사회는 기본적으로 대중과 호흡하며 설득해야 하는 영역이다.

최고의 강사는 전문가도 이해하기 어려운 개념을 간결하고 쉽게 설명하는 사람이라고 하지 않는가. 오늘날 사회는 복잡하고 빠르게 변화한다. 일자리, 주거, 문화, IT, 사회 혁신 등 시민의 삶과 직결된 문제를 설명하고 설득하는 언어를 마련하는 일은 시민사회의 몫이다. 특히 기후 위기, 불평등, 차별 같은 주제는 전문성과 대중성 사이의 경계를 잘 오가야 하기에 시민사회의 역할은 더욱 중요해졌다. 그럼에도 불구하고 내부에 갇혀 '우리끼리만 통하는 언어'를 쓰기 시작한다면, 시민사회는 설득력을 잃고 거리에서 소리쳐도 외면당하는 종말론 전도사와 다르지 않게 된다. 그렇게 된다면 단지 시민사회의 위기일 뿐 아니라 한국 사회 전체에도 큰 손실일 것이다.

언어는 도깨비방망이처럼 뚝딱하고 만들어지는 것이 아니다. 시민사회와 거리가 있는 시민들과도 부단히 대화하며, 어떤 표현이 가장 잘 통하는지 반응을 살피고 감각을 쌓는 과정을 거쳐야 한다. 동창회든 동네 모임이든 시민 참여형 행사든, 시민과 마주할 수 있는 모든 순간을 소중히 활용해야 하고, 이러한 대화의 자리를 비중 있게 두는 활동이 필요하다. 고민해야 할 언어가 무척 많다. 시민사회를 소개하는 언어, 활동가를 설명하는 언어, 의제와 활동을 널리 퍼뜨리는 언어 등, 모두 새롭게 다듬어야 한다. 다양한 사람들과 어려운 대화를 원활히 풀어내는 경험은 민주주의 사회에서 살아가는 우리 모두에게 무엇보다 중요한 요소이다. 기독교 성경의 바벨탑 이야기처럼 서로 다른 언어 때문에 뿔뿔이 흩어지지 않으려면, 이제부터라도 시민사회가 함께 고민하며 새로운 언어를 찾는 노력을 기울여야 한다. 그러한 과정 자체가 곧

우리만 아는 대화를 조금 줄여보면 어떨까?

우리 사회의 소통과 민주주의를 더욱 단단히 만들어주는 과정이 될 것이다.

다 같이 모이자!

 2024년 12월 26일, '청년 활동가 송년 파티'가 열렸다. 계엄령 이후 뒤숭숭한 시국 속에서도 국회 앞에서 추운 겨울을 보내던 활동가들에게 따뜻하게 숨 고르기를 할 수 있는 시간이 필요했다. 제목만 보면 진지하고 무거운 프로그램일 것 같지만, 실제로는 tvN 예능 〈지구오락실〉에 나오는 게임을 함께 즐기고, 아이돌 이야기나 여가 생활 같은 '공익'과는 무관해 보이는 수다도 오갔다. 물론 지난 1년간 직업 활동가로 살아오며 느낀 소회와 감사, 앞으로의 고민을 나누는 시간도 있었다. 탄핵 정국은 물론 노동, 주거, 기후, 지역, 언론, 여성 등 다양한 의제를 다루는 이들이 모여 이야기를 나누며, 우리는 '동료가 이렇게 많구나.' 하는 안도감을 얻었다. 일터에서 업무에만 몰두하다 보면 마음 한구석에 결핍이 쌓이곤 하는데, 이날은 그것을 조금이나마 채우는 시간이 되었다. 이러한 연결의 장은 송년회에만 국한되지 않는다. 세월호 참사 10주기를 맞아 열린 청년활동가 간담회, 청년단체 네트워크 워크숍 같은 굵직한 교류 행사부터 맥주 한 잔 곁들여 시민사회의 경력(소셜 커리어)을 이야기하는 '맥주챗' 모임 등 소규모 자리까지 다양하다. 이런 흐름은 곧 윤석열 퇴진 정국에서 '윤석열 물어가는 범청년행동'으로 이어지며 힘을 발휘하기도 했다.

2024 활동가 송년회 (출처: 저자)

활동가라는 직업 자체가 여전히 좁은 영역이고 일터의 규모도 영세하다 보니 비슷한 또래나 연차의 활동가가 누가 있는지, 어떤 활동을 하고 있는지 알기 쉽지 않다. 또한 재정적 여유가 없는 단체에서는 활동가들이 3~4인분의 업무를 해야 하는 상황이 종종 발생하기에 다른 단체 사람들을 만날 여유조차 적다. 사무실을 벗어나 시선을 넓히더라도 활동가를 만나기는 어렵다. 요즘 유행하는 각종 소모임, 운동 크루, 유명 카페, 심지어 공공 공간에 가도 마찬가지다. 규모가 크지 않더라도 동질적인 집단이 모이는 경우는 많다. 유학생 모임이나 성소수자 커뮤니티, 애니메이션이나 음악 동호회처럼 응집력 있게 모이는 집단이 그 예다. 그러나 활동가만을 위한 모임은 여전히 드물다.

    굳이 원인을 찾자면, 1980년대 민주화운동이나 1990년대 시민사회가 태동하고 성장하던 시기에는 활동가들이 굳이 '연결'을 고민할 필요가 없었다는 점이 크다. 당시에는 학생운동에서 노동운동, 시민사회로 이어지는 강한 구심력이 있었고 의제도 선명하며 일원화될 수 있었기에 자연스레 서로 만나고, 연대하고, 친밀해지며 다음을 기약할 수 있었다. 조직 역시 촘촘히 중심을 향해 모여 있었기에, 연결은 일종의 자연스러운 과정이었다. 반면 오늘날의 시민사회는 훨씬 더 다원화되었다. 공통된 목표를 세우기도 어렵고 분야별로 각개전투를 벌이다 보니 연대의 시너지를 발휘하기가 쉽지 않다. 결과적으로 일에 치여 동료를 만날 기회조차 줄어드는 악순환이 반복된다.

　모호한 연대를 내걸며 다짜고짜 "다 같이 모이자"는 외침이 과거처럼 재미와 감동을 주지 못하는 이유도 여기에 있다. 한때 성공적인 연대를 경험했던 이들에게는 지금의 파편화된 모습이 더없이 안타까울 수밖에 없다. 그래서 잊을 만하면 다시 모이려는 시도가 나오곤 하지만, 이미 획일적인 어젠다로 모두를 묶어낼 수 없는 시대가 도래해 버렸다. 왜 모여야 하는지 설득력 있게 설명할 수 있는 주체가 사실상 부재한 것이다. 물론 세월호 참사 이후 시민사회가 각성하며 의기투합한 끝에 박근혜 정권과 윤석열 정권의 종식을 주도했지만, 이를 통해 시민사회가 끈끈하게 모였다고 간단히 진단하기에는 아쉬움이 남는다. 계엄령 수준의 총체적 위기가 아니라면, "모여야 한다"는 구호만으로는 격무에 시달리는 활동가들에게 효능감을 주지 못한다. 오히려 동원당하는 기분만 남는 경우가 많다.

　만남이 부족하면 시야도 좁아진다. 활동을 통해 구체적인 변화를 눈으로 확인하는 경우는 드물다. 사실 시민사회가 일을 잘했을 때의 성과는, 티 나게 칭찬받기보다 시민들의 일상이 무너지지 않고 평온하게 유지되는 모습으로 나타나는 경우가 많다. 누군가의 삶이 더 나빠지지 않고 평소처럼 돌아가는 세상에서는 스스로 이뤄낸 성과를 체감하기란 쉽지 않다. '나는 무슨 일을 하고 있는 걸까', '우리 단체는 늘 재정난에 허덕이는 것 같다', '동창들은 차도 사고 집도 사는데 내 커리어는 여기서 끝난 게 아닐까' 같은 부정적인 생각이 쌓이며 자존감이 바닥을 칠 때도 있다. 혼자만 동굴 속에 갇힌 듯 답답한데, 옆 단체 활동가들은 즐겁게 일하는 것처럼 보여 더 외로워진다. 그러나 사실 누구나 비슷한 고민을 안고 있다. 일 자체는 즐겁기도 슬프기도, 행복하기도 괴롭기도 한데, 서로 떨어져 있다 보니 생각을 나누고 공감할 상대가 없어 남의 떡만 커 보일 뿐이다.

그럼에도 직업 활동가로 살며 가장 큰 장점을 꼽으라면 단연 '좋은 동료'를 만날 수 있다는 점이다. 월급도 받는 직장인데 가치관이 비슷한 사람들이 업계에 이렇게 많다는 사실은 축복이다. 위계보다는 수평적으로 일하다 보니 나이에 상관없이 쉽게 동료가 되고, 협업 과정에서 나의 부족한 점을 발견하고 동료의 장점으로 그 빈자리가 채워질 때마다 놀라움과 희열을 느끼게 된다. 직장이 달라진다고 해서 함께 품었던 목표가 사라지는 것도 아니다. 이런 귀중한 동료 네트워크를 소규모 단체의 활동가들로만 한정하는 건 너무 아쉽다. 솔직히 말해서, 밤새워 일한다고 세상이 하루아침에 달라지지는 않는다. 차라리 업무의 압박을 조금 줄이고 서로가 만날 수 있는

다 같이 모이자!

자리에 조금 더 여력을 투자한다면 활동가들의 일상은 훨씬 더 풍성해질 수 있을 것이다.

다행히 연결의 필요성에 공감하는 사람들이 많아지면서, 활동가들이 함께 모이고 이어질 수 있도록 돕는 프로젝트가 다양하게 기획되고 있다. 지자체 '공익활동지원센터' 같은 중간지원조직, 활동가 협동조합 '동행', 민간 공익재단 등에서 각종 네트워크 프로그램을 마련하면서 분야를 넘어 활동가들이 만나는 자리가 점점 더 풍성해지고 있다. 연대와 협력, 신뢰의 힘은 내란을 일으킨 대통령조차 끌어내릴 만큼 위대하다. 시민사회는 자본과 권력이 없어도 연결을 통해 이러한 힘을 만들어왔다. 탄핵과 같은 거대한 사안뿐 아니라 일터라는 작은 공간에서부터 연결되는 관계 역시 소중하다. 근무 시간 중에도 자연스럽게 기댈 수 있는 동료가 많아질 때 가장 큰 힘이 생기기 때문이다. '계절의 목소리' 또한 문을 닫는 그날까지 다양한 시민사회 분야의 활동가들이 모여 소모임이든 전시든 행사를 통해 네트워크가 살아 움직일 수 있도록 매력적인 프로그램을 꾸준히 열고자 한다. 이미 현장에서 뛰고 있는 활동가이든 활동가의 길을 고민하는 사람이든, 결코 혼자가 아니라는 사실만큼은 꼭 기억해 주길 바란다.

세월호 세대, 그리고 탄핵 정국의 주축들

　광장을 형형색색의 응원봉으로 수놓은 청년들을 어떻게 정의해야 할지에 대해 많은 이들이 말하고 싶어 한다. 또 한편에서는 제21대 대통령선거에서 4번을 찍은 청년들을 분석하려는 중장년들도 과하게 많다. 지금까지 청년을 묶어 부르던 'MZ 세대'라는 이름이 더는 현실에 맞지 않게 되면서 사회는 또다시 새로운 단어를 찾기 위해 분주하다. 사실 청년 세대를 규정하는 일이 큰 의미를 갖지 못하는 경우가 많지만, 특정한 인식과 행동 양식을 공유하는 집단을 설명하는 '코호트cohort' 개념을 빌려 간단히 짚어볼 필요는 있다.

　법적으로 '청년기본법'은 만 19세에서 34세를 청년으로 정의한다. 2025년을 기준으로 하면 대략 1990년생부터 2006년생까지다. 그 사이에서 하나의 전환점 같은 해를 꼽으라면 단연 1997년을 빼놓을 수 없다.

1997년생의 삶을 돌아보자. 이들은 태어나자마자 외환위기라는 국가적 부도 사태를 맞았다. 비정규직이 없는 세상은 애초에 경험해 본 적이 없었다. 성장기에는 뉴타운 투기 광풍으로 동네 이웃이 하나둘 떠났고, 자산 증식이 유일한 노후 준비라는 인식이 너무나 자연스럽게 주입되었다. 그 와중에 벌어진 2009년 용산 참사는 '사람의 생명'보다 '자산 증식에 대한 욕망'이 우선시되는 현실을 잔혹하게 드러냈다. 청소년기에는 2014년 세월호 침몰로 같은 또래의 단원고 학생들의 죽음을 지켜보아야 했다. 성인이 되어서는 2016년 박근혜 탄핵 촛불 집회를 통해 부패한 정권을 끌어내리는, 민주주의 역사에서 값진 경험을 했지만 이후 정치권의 '청년팔이'가 반복되며 이들에게 다시금 실망을 안겨주었다. 세월호의 아픔이 채 아물기도 전 2022년 이태원 참사로 또래를 잃었고, 2024년에는 계엄령이라는 초유의 사태를 목도하게 되었다. 이처럼 1997년을 전후로 한 세대는 연달아 충격적인 사건을 겪으며 고유한 집단적 정체성을 형성해 왔다.

이들의 일생을 한마디로 요약하면 '각자도생'이다. 성장 과정에서는 치열한 경쟁의 늪을 벗어날 수 없었다. 기성세대는 위로를 주는 대신 입시, 취업, 결혼, 출산까지 예정된 경로를 충실히 밟으라고 요구했을 뿐이다. 그러나 저성장 시대가 도래하고 불평등이 더 심화되면서 미래에 대한 불안이 커져만 갔다. 휘몰아치는 경쟁의 부산물일까. 어느 순간부터는 자가 소유 여부, 정규직 여부, 성별을 가르는 행위가 너무도 자연스러워졌다. "가만히 있으라"는 명령에 순응했던 아이들이 세상을 떠났다. 반대로 그 명령을 내린 어른들은 살아남아 호의호식했다. 솔직하게 따져보자. 직장에서 회의 시간에 자기주장을 내세우고 야근을 강요할 때 정당한 권리를 요구하는 모습이 그토록 놀라운 일인가? 이들은 경쟁과 불평등, 차별과 혐오, 순응하라는 강요에 길들여졌지만 결국 언제나 비극적인 결론만 마주했던 세대다. 그런데도 몇 가지 행동거지를 두고 'MZ스럽다'며 조롱하는 것이 정당한가?

탄핵 정국의 주역이었던 청년들은 칭송받고 응원받아야 마땅하다. 하지만 그것과 더불어, 경쟁적이고 팍팍한 일상 속에서도 광장에 나서기를 선택했던 그 무게를 해석하는 일이 더 중요하다. 특히 2030 여성들을 중심으로 광장에서 터져 나왔던 목소리는 분명히 '불평등'과 '차별'을 겨냥하고 있었다. 윤석열 전 대통령이 후보 시절부터 "구조적 성차별은 없다"고 했던 사실을 떠올리면 한편으로 너무도 당연한 흐름이다. 이들의 언어는 자신의 경험에서 나온 것이기에 무엇보다 선명했지만, 그 경험이 누구에게나 보편적이라는 사실은 마냥 기뻐할 수 없는 일이었다. 여의도, 남태령, 한남동으로 이어진 그들의 외침은 단순히 광장에서 다양성이 드러난 차원을 넘어 가족과 학교, 직장 속에서 존중받지 못하거나 침묵을 강요당해 온 삶의 고발이었다. 동시에 그것은 더는 물러설 수 없는, 절박한 생존의 언어였다. 지난 계엄 시국에 광장에서 울려 퍼진 목소리를 곱씹어 보면, 그 시선은 이미 '탄핵' 이후의 세상을 그려나가는 미래로 향해 있었다.

불평등과 차별, 그리고 치열한 일상 속에서도 이들이 결국 '각자도생'이 아닌 '광장'을 선택한 이유에는 공통된 기억과 상처가 깊게 응축되어 있다. 세월호 참사에서부터 이태원 참사에 이르기까지, 한 세대가 연속적으로 겪어온 비극이 그것이다. "가만히 있으라"는 명령에 절망으로 주저앉지 않고 "잊지 않겠다"는 다짐으로 버텨온 시간. 핼러윈 축제에 나갔다거나 전세 계약서를 제대로 보지 않았다는 이유로 다시금 '개인 책임'을 들이미는 무책임한 국가에 더는 속지 않겠다는 결심. 그렇게 나와 공동체의 일상을 지키겠다고 다짐한 이들이 거리로 모였다. 탄핵 정국의 주역은 하루아침에 나타난 시민이나 청년, 여성들이 아니다. 2014년 세월호 참사 이후 10년 동안 아픔과 두려움, 분노와 공감을 함께 겪으며 단단해진 세대, 바로 '세월호 세대'였다. 세월호의 기억은 '청년'이라는 이름으로 살아가는 이들에게 특별한 감각을 남겼다. 반복되는 비극과 모순을 단순한 사건이 아닌 구조·정치적 문제로 인식하게 했고, 혼자 울거나 분노하는 데 그치지 않고 응집력과 구심력을 발휘하게 만들었다. 친구를 잃은 아픔을 오래 품은 이들은 결국 '함께 살고 싶다'는 바람을 품게 되었다. 농민과 장애인과 동료 시민과 함께하겠다는 다짐 덕분에 탄핵이라는 공통의 목표 속에서도 다양한 목소리를 놓치지 않을 수 있었던 것이다. 누구도 생존을 위협받지 않고, 누구도 외면당하지 않는 사회. 이 갈망이 경쟁을 넘어 연대로 나아가게 했다. 세월호 이후 이어져 온 '함께 살자'는 다짐은 한국 사회가 강요해 온 각자도생의 일상을 넘어서는 힘이 되었다. 결국 세월호를 통과한 시민 집단은 단순히 하나의 세대라는 명명을 넘어 시대적 과제를 인식하고 새로운 세상을 열어갈 주체로 당당히 서 있다고 할 수 있다.

이제는 시민사회가 제 역할을 해야 할 시간이다. '세월호 세대'가 한국 사회의 본질적인 변화를 주도하도록 함께할 가장 준비된 파트너는 시민사회다. 논쟁의 여지가 없다. 세월호 참사 이후 변함없이 연대하며 공감해 온 주체는 시민사회뿐이었다. 정치가 혐오를 조장하고 청년팔이에 몰두하며 다른 욕망에 한눈을 팔 때에도 시민사회는 자리를 지켰다. 비극적인 참사가 반복될 때마다 곁에 서 있던 활동가들이 그 즉시 손을 내밀 수 있었다. 2024년 계엄령이라는 사태가 광장으로 향하는 발걸음을 촉발했다면, 이제는 숨을 고르고 오래 달릴 수 있는 시간이 필요하다. 긴 여정을 여유 있는 호흡으로 함께 걷기 위해서는 청년 세대와 공유할 수 있는 감수성과 장기간의 레이스를 뒷받침할 조직이 필요하다. 대한민국에서 이 모든 조건을 갖춘 주체는, 눈을 씻고 찾아봐도 시민사회 말고는 존재하지 않는다.

세월호 세대는 시민사회가 '끌어안아야 할' 어린 친구들이 아니다. 이들은 당장 오늘부터라도 시민사회의 미래를 직접 설계하고 주도할 수 있는 주체이며, 그에 걸맞은 역할과 책임을 부여받아야 한다. 지난 10년간 분노와 애도, 안전하고 민주적인 사회에 대한 갈망, 탄핵을 성사시킨 연대의 경험을 바탕으로 이들은 무엇이든 해낼 수 있는 시민이자 활동가로 성장했다. 구체적인 경험과 자원을 가진 시민사회의 조직력과 실천력이 이들과 제대로 만날 때, 상상 이상의 잠재력이 곧바로 실력으로 터져 나올 수 있다. 따라서 이들이 머물고, 연결되고, 실천을 이어갈 수 있는 장으로서 시민사회는 여전히 필요하다. 제도 정치가 닿지 못하는 영역에서 이들의 감각과 경험은 시민사회라는 구조 안에서 현실의 변화를 만들어낼 수 있기 때문이다. 탄핵 정국에서 시민들의 전폭적인 지지를 이끌어낸 청년 활동가들의 집회 기획이 그 대표적인 사례다. 충분한 지원과 체계가 갖춰진다면 이들의 시도는 분명 구체적인 성과로 이어질 것이다.

즉, 지금 시민사회가 해야 할 일은 이들을 단순히 '호명'하는 것이 아니다. 함께 '공유'하고 '재구성'하는 것이다. 이미 변화의 가장 앞자리에 서 있는 이들을 주체로 인정하고 든든히 뒷받침하는 것, 그것이야말로 시민사회가 다음 10년을 두텁게 채워낼 수 있는 가장 현실적이고 효과적인 전략이다.

그럼에도, 여전히 시민사회는 필요하다

'여기가'를 지을 수 있는 유일한 사람들

경기도 김포시에는 특별한 의미를 가진 주택 '여기가'가 있다. 사회복지법인 '프리웰'이 운영하는 이곳은 장애인과 비장애인이 함께 거주하는 소셜믹스 지원주택이다. 시설에서 독립한 장애인을 위한 주거 자립 지원 서비스가 제공되며, 누워서 생활해야 하는 와상 장애인도 생활할 수 있도록 유니버설 디자인[1]이 반영되어 있다. 겉으로 보기에는 당연히 시행되었을 법한 좋은 정책처럼 보이지만, 이 주택이 현실화되기까지는 20년에 가까운 활동가들의 투쟁과 노력이 있었다.

---

1 제품, 시설, 서비스 등을 이용하는 사람이 성별, 나이, 장애, 언어 등으로 인해 제약을 받지 않도록 설계하는 것. 최근에는 공공교통기관 등의 손잡이, 일회용품, 서비스, 주택, 도로의 설계 등 넓은 분야에서 쓰이는 개념이다.

나가며

'여기가'의 전신은 '석암베데스다요양원'이었다. 운영기관인 '석암재단'은 횡령 등 비리로 얼룩져 있었고, 시설 내 장애인들의 인권침해 역시 심각했다. 장애인이라는 이유만으로 마을에서 살아가지 못하고 시설에 갇히는 삶이 결코 당연할 수 없다는 문제의식 속에서 '장애와인권발바닥행동' 등 장애인권 활동가들이 함께 문제를 드러냈다. 그렇게 2009년, '마로니에 8인 투쟁'[2]이라 불리는 탈시설 운동을 초석 삼아 시민들의 인식 속에도 '탈시설'이라는 단어가 각인되기 시작했다. 이후 서울시도 이러한 흐름에 맞춰 지원주택 정책을 추진하기 시작했다. 하지만 여전히 과제는 많았고, 그 속에서 '여기가'에 대한 고민이 시작되었다.

이후 '석암재단'은 '프리웰'로, '석암베데스다요양원'은 '향유의 집'으로 이름을 바꿨고, 시설 내 모든 장애인이 탈시설을 이룬 뒤 문을 닫았다. 그러나 서울시의 지원주택은 SH공사가 공급한 매입임대주택이어서 유니버설 디자인이 설계에 반영되어 있지 않았고, 정권 변화에 따라 추진력도 요동쳤다. 폐쇄된 '향유의 집' 역시 더는 방치할 수 없는 상황에서, 주거권을 목표로 하는 사회주택 운

---

[2] 2009년 6월 4일, 석암베데스다요양원에서 생활하던 장애인 8명이 석암재단의 비리와 인권유린을 규탄하며 시설에서 벗어나 자립생활을 하겠다고 선언하고 대학로 마로니에 공원에서 62일간 진행한 노숙 농성을 의미하며, 한국 탈시설 운동의 초석이라고 평가받는다.

동 주체들과의 만남이 시작되었다.

'향유의 집'에 국토부의 '특화형 임대주택' 정책을 적용하기로 했다. 이 제도는 민간이 지역 수요에 맞춰 설계와 시공을 담당하고, 공공은 건설비(매입비)를 지원하며, 다시 민간이 운영하는 방식이다. 사회주택 주체는 설계와 시공 등 전문 역량을 비영리적 목적으로 제공했고, 장애인권 운동 단체는 지원주택의 한계를 보완하며 준공 이후 운영 전반을 맡고 사회운동으로 쌓아온 전문성을 발휘하기로 했다. 그 결과, 탈시설의 상징이던 시설은 한국 공공주택 역사상 처음으로 유니버설 디자인과 모두를 위한 놀이터[1]가 포함된 새로운 지원주택으로 탈바꿈했다.

결국, '여기가'의 제안은 공공정책과 민간운동의 협업을 통해 전례 없는 주거 모델을 실현한 사례가 되었다. 이는 시민사회가 단순히 외치는 집단을 넘어 구조를 설계하고 현실을 바꾸는 주체가 될 수 있음을 보여주는 강력한 증거다.

---

[1] 모든 아이들이 다양한 놀이 활동을 즐길 수 있도록 공공 놀이터를 설계하고 조성하는 사업. 특히 기존 놀이터의 문제점(특정 놀이시설 편중, 연령대 차별화)을 개선하여 다양한 연령대의 아이들이 함께 즐길 수 있는 놀이 공간을 만들고 있다. 또한 주민들의 참여를 통해 놀이터 운영과 관리를 효율적으로 하는 것이 특징이다.

305

'여기가' A동의 전경 (출처: 프리웰)

이 역사를 되짚어 본 이유는 단순하다. 지난 20년간 우리 사회에 있었던 각각의 과정을 해낼 수 있었던 주체가 누구였는지를 묻기 위해서다. 세상의 시야 밖에 있던 시설 거주자의 인권을 사회에 드러내고, 거리에서 공론화 투쟁을 벌이고, 비리 재단을 몰아낸 뒤 직접 운영을 맡고, 지원주택 정책을 설계하며, 나아가 사회주택 모델로 집을 새롭게 짓기까지. 안타깝게도 정치는 대다수 유권자가 관심을 가지는 사안에만 우선순위를 두며, 매번 선거와 지역 민원 대응에 쫓기느라 선제적으로 의제를 발굴할 여유가 없다. 시설 운영자의 로비를 수용하지 않으면 그것만으로 고마워해야 할 지경이다. 기업도 마찬가지다. 풍족한 자원과 고도의 기술로 집을 더 잘 지을 수는 있겠지만, 이윤을 줄여가며 유니버설 디자인을 반영하기는 쉽지 않다. ESG 사업 차원에서 일부 참여는 가능하겠지만, 전례 없는 지원주택 모델을 설계하고 선례를 남기기에는 동력이 부족하다. 수지타산이 안 맞는다는 얘기다. 그렇다면 공공은? 역시 문제를 발굴하거나 선도적 모델을 실험할 수 있는 위치에 있지 않다. 결국, 애드보커시 활동가에서부터 공익적 목적과 적정 이윤을 추구하는 사회적경제 주체에 이르기까지, 이런 전 과정을 끝까지 책임지고 연대할 수 있는 주체는 오직 시민사회뿐이다. '여기가'는 단 하나의 사례일 뿐이다. 전국 곳곳에서 수많은 활동가들이 정부와 기업이 결코 대신할 수 없는 문제들을 맡아 분투하고 있다.

대체할 수 없는 사람들

오늘날은 '국민 청원'이나 '국민 신문고' 같은 온라인 민원 플랫폼을 통해 언제든지 정부에 쓴 소리를 낼 수 있다. 더불어민주당의 경우 당원만 500만 명에 이르며, 정당 참여의 장벽도 낮아져 직접 정치권에 의견을 개진할 수 있다. 유튜버의 영향력이 높아지면서 가령 방송인

김어준이 운영하는 유튜브 채널에 출연하면 이슈를 쉽게 공론화할 수도 있고 후원금도 빠르게 모을 수 있다. 이런 흐름 속에서 가끔 "시민사회는 이제 필요 없어진 것 아니냐"는 주장이 들려오기도 한다.

특히 오세훈 서울시장이 시민단체를 '세금 ATM'이라 폄하하고 윤석열 전 대통령이 광복절 축사에서 시민단체와 인권운동가를 '반국가세력'으로 몰아붙였던 발언은 국가와 수도를 대표하는 지도자로서 부끄러운 의식 수준을 보여줬다. 이런 인식과 무관하게 현대판 매카시즘[1] 역시 시민들에게도 부정적 영향을 끼쳤다. 복지법인의 위탁사업이나 직능단체의 보조금 사업과 혼재되면서 시민사회도 세금을 축내는 집단으로 오인되기 쉽다. 더구나 후원금이 당사자에게 직접 전달되지 않고 '인건비'로 쓰인다는 왜곡된 이미지까지 미디어에 의해 덧씌워지며 활동가들의 역할은 제대로 조명받지 못했다.

물론 한국 사회가 대전환을 겪으며 새로운 정치 주체와 미디어가 등장했고, 그에 따라 시민사회의 위치 역시 달라진 것이 사실이다. 그러나 결코 대체할 수 없는 영역이 여전히 많다. 정치와 행정 시스템이 붕괴된 가운데 멀쩡한 도심 이태원에서 참사가 발생했고, 정부 정책을 신

---

[1] 극단적이고 초보수적인 반공주의 선풍 또는 정적이나 체제에 반대하는 사람을 공산주의자로 몰아 처벌하려는 경향이나 태도를 말한다.

그럼에도, 여전히 시민사회는 필요하다

뢰해 대출을 받았던 세입자들은 전세 사기로 보증금을 잃고 연이어 스스로 목숨을 끊었다. 기후재난에 무방비한 사회인 것을 반증하듯 폭우로 반지하와 지하차도에서 사람들이 죽었다. 이 모든 사건의 최전선에서 문제를 드러내고 구조를 바꿔낸 주체는 결국 활동가들이었다. 마지막 단계에서 도장을 찍은 것은 정치인이었지만, 그 직전까지의 모든 과정은 시민사회가 주도적으로 이끌어냈다.

탄핵 시국에 진행된 '광장 밖 청년 100인 인터뷰'(107쪽 참조) 역시 같은 사실을 보여준다. 응답자들은 민주주의를 지켜낸 시민과 시민사회를 높이 평가했지만, 정치에 대해서는 낮은 기대를 드러냈다. 이 모순적인 상황은 정치와 시민사회의 관계를 다시 정립해야 할 필요성을 일깨운다. 물론 특정 정당이나 정치인만의 책임으로 돌리기는 어렵다. 한국 사회의 복합적이고 고질적인 구조적 문제 때문이다. 그러나 민주주의에서 국가 권력을 견제하는 힘은 결국 시민에게서 나오고, 시민사회는 바로 이 시민의 힘을 모으는 매개의 역할을 해왔다. 시민사회의 영향력이 위축되면서 정치 견제의 균형이 무너졌고, 정치인들의 자극적인 언행만 대중에게 소비되는 구조가 굳어졌다. 정치와 시민사회 모두 제 역할을 다하지 못한 셈이다. 그러나 오늘의 정치가 혐오와 갈등을 부추기는 상황에서, 시민사회의 회복 없이는 민주주의도 회복되기 어렵다. 즉 정치가 시민사회의 역할까지 해낼 것이라는 주장에 힘이 실려서는 안 된다.

무기력과 불안, 반복되는 비극 속에서 사람들은 결국 '어떻게든 혼자 살아남아야 한다'는 생각에 갇히기 쉽다. 사회와 국가는 나를 보호하기는커녕 위협하는 존재처럼 보이고, 의지할 곳 없는 개인은 각자도생에 몰린다. 하지만 민주주의 광장에서 모두가 힘을 합쳐 내란을 극복한 경험을 고작 각자도생으로 귀결시켜서는 안 되지 않을까. 지금 필요한 것은 다시금 시민사회를 통해 힘을 쌓아가는 일이다. 개인이 흩어져 자본에만 의존하는 사회는 공동체를 무너뜨린다. 옆집 이웃조차 불신하게 되고, 사회복지나 기후 위기 대응보다 나의 이익만을 위한 정책을 찾게 된다. 대중을 좇는 정치가 이러한 흐름을 역행하기는 어렵겠지만, 시민사회는 언제나 개인이 아닌 공익을, 자본이 아닌 비영리를 이야기할 수 있는 집단이므로 분위기 반등의 실마리가 될 수 있다.

물론 시민사회가 완벽하다고 할 수는 없다. 신뢰도가 낮아지고 영향력이 줄어든 근본적 이유 역시 여전히 해소되지 않았다. 부족한 점을 꼽자면 수도 없다. 그러나 그럼에도 불구하고, 흩어진 개인을 연결하고 현실을 바꿀 힘을 모을 수 있는 유일한 주체는 시민사회다. 정치가 불신을 자초할 때 시민사회는 포기와 무관심이 아닌 해법을 모색하는 장을 열어줄 수 있다. 변화는 개인의 분노가 아니라 조직된 힘에서 비롯된다. 이제는 시민사회가 부족한 부분을 보완하며 다시 힘을 모아야 한다. 그것이 불안한 미래를 넘어서는 가장 현실적이고 단단한 길이다.

비록 1번 타자는 아닐지라도

오늘날 시민사회가 과거처럼 새로운 길을 열고 세상을 선도하는 선봉이 아닐 수 있다. 시민과 시민사회의 관계가 달라졌기 때문이다. 탄핵 정국만 돌아봐도 분명하다. 계엄령이 선포되었을 때 시민들은 누구의 지시도 없이 스스로 여의도에 모여 장갑차를 막고 계엄군에 맞섰다. 이후 시민사회는 뒤따라 시민들의 대오를 정돈하며 계엄 해제까지 원활히 이끌었다. 청년들이 응원봉을 들고 광장을 찾은 것 역시 시민사회의 기획이 아니라 시민들 스스로 만들어낸 새로운 집회 문화였다. 시민사회는 거기에 화답하듯 집회의 콘셉트를 바꾸고 콘텐츠를 기획했다. 남태령의 기적이나 한남동 키세스 부대도 마찬가지였다. 시민들이 자발적으로 농민들의 행진에 합류하고 경찰의 봉쇄망으로부터 트랙터를 지켜내자, 시민사회는 재빠르게 다양한 정체성과 계층의 조화를 이뤄내는 집회를 기획해 1박 2일의 농성을 풍성하게 만들었다.

    탄핵 시국을 거치며, 민주화운동 시절처럼 시민사회가 앞장서서 방향을 정하고 판을 짜는 시대가 지났음을 느꼈다. 누구보다 절실한 시민들은 스스로 의제를 공론화할 역량을 이미 갖추고 있기 때문이다. 탄핵 시국 때 처음 드러난 사실도 아니다. 산재 피해 유가족들은 자식의 죽음을 개인적 비극으로만 남겨두지 않고, 다시는 같은 일이 반복되지 않기를 바라며 거리로 나섰다. 유가족들의 단식 농성이 있었기에 중대재해처벌법 제정 운동은 새로운 국면으로 나아갈 수 있었고, 이후 노동 및 시민사회가 힘을 보태 법안은 마침내 통과되었다. 전세 사기 역시 사회적 참사로서 피해자들이 먼저 모여 목소리를 높였고, 시민사회가 조직과 자원, 제도 개선안을 더하며 운동의 흐름을 단단하게 만들었다.

    시민사회는 이제 반드시 '선구자'일 필요가 없다. 때로는 시민들의 움직임이 훨씬 더 빠르고 폭발적일 수 있다. 그러나 변화의 물줄기를 장기적인 흐름으로 이어가기 위해서는, 기획을 세심하게 다듬고 조직을 정비하고 완성도를 높이는 전문가가 필요하다. 운동의 언어를 정책의 언어로 번역해 본 경험, 제도 바깥에서 제도를 작동시키는 실천력, 위기 이후를 준비하는 기획력을 모두 갖춘 유일한 영역은 시민사회이다.

그럼에도, 여전히 시민사회는 필요하다

그러므로, 비록 1번 타자는 아닐지라도 시민사회는 반드시 필요하다. 시민들이 만들어낸 흐름을 끈질기게 이어가고 단단히 완성하는 역할, 신뢰를 모아 산발적 움직임을 하나의 흐름으로 엮는 역할, 방향을 잃지 않도록 동력을 제공하는 역할은 시민사회만이 감당할 수 있다. 정당은 표에 매이고, 행정은 기존 틀 안에 묶인다. 무너진 일상을 복구하고 다음을 설계해 온 실천 주체는 언제나 시민사회였다.

지금 한국 사회는 기후 위기, 저출생과 고령화, 차별과 혐오, 양극화와 불평등이라는 거대한 위기 앞에 서 있다. 제도가 설계되기를 기다릴 수 없는 삶들이 있다. 위기의 순간에 제도보다 먼저 움직이고 가장 가까이 닿는 손은 바로 시민사회의 손이다. 시민에서 시작해 시민으로 이어지는 연대, 다정한 언어로 대중을 설득하고, 엄중하면서도 즐겁게 투쟁을 기획하는 힘. 그것이 시민사회의 본질이다.

솔직히 나 역시 활동가로 살면서 내 일상이 얼마나 안정적으로 이어질 수 있을지 확신하기 어렵다. 세상은 빠르게 변하고, 그만큼 새로운 문제가 매일같이 발생하기 때문이다. 그러나 정치인의 공약이나 시장의 논리만으로는 시대적 과제를 해결할 수 없다는 사실만은 분명하다. 누군가는 긴 호흡으로 사회 구조를 바꿔야 한다.

그 역할을 맡아온, 그리고 앞으로도 맡아야 할 곳이 시민사회다. 현장에서 의제를 발굴하고, 대중에게 소구할 수 있는 기획과 콘텐츠를 만들어내며, 싸울 때 싸우고 버틸 때 버티는 힘. 그렇게 결국 변화를 만들어내는 힘. 그것이야말로 시민사회가 지닌 책임이자 보람이다.

그래서 시민사회는 여전히, 그리고 앞으로도 반드시 필요하다.

부록 5

활동가라는 길을 시작하려는 이들에게:

다섯 개의 디딤돌

처음 활동가를 꿈꾸는 사람이라면 어디서부터 길을 찾아야 할까? 일반 구인·구직 사이트에서는 시민사회 관련 정보를 찾기 어렵다. 단순히 정보가 부족한 게 문제의 전부는 아니다. 연봉이나 계약 조건 같은 일반적인 기준이 활동가에게는 생각보다 덜 중요한 경우가 많기 때문이다. 더구나 활동가 취업을 위한 스터디가 따로 있는 것도 아니니, 시민사회라는 다소 낯선 활동을 어디서부터 '시작'해야 할지 막막할 수밖에 없을 것이다. 혹은 단순히 직업 정보가 아니라 '어떻게 살아야 할지'에 대한 힌트를 찾고 싶은 사람도 있을 테다.

이러한 고민을 시민사회가 방관만 하고 있었던 것은 아니다. 지금까지 다양한 시도와 실험이 이어져 왔고, 그중 대표적인 다섯 가지 사이트를 골라 소개하고자 한다. 이 다섯 가지가 모든 것을 담고 있지는 않지만, 출발선에서 디딤돌이 되어줄 만하다. 물론 이외에도 훨씬 더 많은 정보가 흩어져 있으니, 여기서 멈추지 말고 적극적으로 탐색해 보길 바란다. 필요하다면 검색이나 AI를 활용해도 좋다. 어느 길로 가든 당신에게 맞춤힌 활동 혹은 조직을 찾을 수 있기를 바란다.

1. 서울시공익활동지원센터

https://www.seoulpa.kr/

플랫폼 이름에서 알 수 있듯 서울시 예산으로 운영되

는 '서울시공익활동지원센터'는 공익활동의 시작을 고민하는 이들에게 가장 실효성 있는 첫걸음의 정보를 제공한다.

이 플랫폼은 활동가를 지망하는 이뿐 아니라 현직 활동가들에게도 유익한 정보와 자원이 정리된 공간이기도 하다. 채용 공고, 시민단체 공모사업, 교육 프로그램, 공간 대관 등 다양한 정보가 모여 있어, 하나하나 찾아보지 않아도 이 사이트를 통해 필요한 내용을 대부분 확인할 수 있다. 특히 각종 지원사업의 절차와 정보가 신속하게 제공되며, 채용 공고나 교육 일정도 정기적으로 갱신되는 등 운영·관리가 체계적으로 이뤄지고 있다. 공공이 운영하는 플랫폼이 대부분 그렇듯 UI/UX가 사용자 편의적이라고 말할 수는 없으나, 엄청난 양의 정보가 모여 있다는 점은 활동 경험이 부족한 입문자에게 더욱 큰 장점으로 다가온다.

- ■ 활용 팁: 처음 접하면 정보가 너무 많아 어디서부터 봐야 할지 막막할 수 있다. 미리 관심 분야나 목적을 설정해 두고 정기적으로 확인하는 습관을 들이는 것이 좋다. 메일링 서비스를 신청하면 필요한 정보를 정리해서 받아볼 수도 있다.
- ■ 추천 포인트: '공익활동 아카이브' 페이지는 꼭 들러보는 게 좋다. 여기에는 단체 운영, 사업 기획, 모금, 홍보, IT 활용 등 활동가에게 실제로 필요한 세부 노

하우가 축적되어 있다. 변화 사례와 기획 자료도 잘 정리되어 있어, 활동의 구체적인 그림을 그려보고 싶은 사람들에게 든든한 길잡이가 되어줄 것이다.

2. 임팩트닷커리어

https://impact.career/

'임팩트닷커리어'는 소셜섹터, 사회적경제, ESG 등 임팩트(비즈니스가 창출하는 모든 수익이 사회에 긍정적인 영향을 주는 기업 분야) 전반의 채용 정보를 한데 모아 제공하는 커리어 전문 플랫폼이다. 전통적인 시민사회와 관련된 정보를 얻기는 어렵더라도, 소셜섹터라고 불리는 광의의 시민사회 이야기를 보고 싶다면 추천한다. 새로운 흐름에 맞게 비영리 스타트업, 소셜벤처 등 다채로운 모습의 공익활동 생태계가 잘 담겨 있어 이 분야에 관심 있는 입문자들은 이해도를 높일 수 있다. 단순한 공고 게재를 넘어 각 조직의 문화와 직무에 대한 설명, 구직자 경험 기반의 콘텐츠까지 함께 제공하며, 활동가라는 길을 '커리어'의 관점에서 조망하는 데 도움이 된다.

■ 활용 팁: 다섯 개 플랫폼 중 업데이트 속도가 가장 빠른 편이다. 최근 개편 이후 카테고리와 검색 기능이 대폭 개선되어, 관심 있는 의제나 직무, 커뮤니티

가 뚜렷하다면 원하는 정보를 훨씬 수월하게 찾을 수 있다.
- ■ 추천 포인트: '임팩트닷커리어'의 가장 큰 장점은 단체 중심이 아니라 '직무', '계약 형태' 등 커리어 기준으로 정보를 분류한다는 점이다. 이런 접근 방식이 시민사회 입문을 희망하는 이들에게 얼마나 실질적으로 유용할지 함께 지켜봐도 좋겠다. 기존 시민사회 플랫폼에서 담지 못했던 언어와 시각을 경험해 보고 싶은 사람들에게 적극 권하고 싶다.

3. 시민사회단체연대회의

https://civilnet.net/

'시민사회단체연대회의'는 전국의 시민사회가 함께 연대하여 만든 조직으로, 플랫폼의 유무보다도 연대체의 존재 자체로 큰 의미가 있는 곳이다. 사실 플랫폼의 기능만 놓고 보면 하고 싶은 말이 많다. 그래도 개인적인 애정으로는 가장 높은 점수를 주고 싶기에 함께 담아 보았다. 전통적인 시민사회가 모두 모여 있으니, 개별 단체 소식과 공동 의제, 정책 성명, 채용 정보 등을 함께 확인할 수 있다. 특히 정책 현안에 대한 시민사회의 입장, 전국적 차원의 대응 흐름 등을 한눈에 파악할 수 있으며 주요 이슈에 어떤 단체들이 어떻게 연대하고 있는지에 대한 정보도 확인할 수 있다. 입문자에게는 다소 낯설 수 있지만, 공익활동을 사회운동과 구조적 흐름 속에서 이해하려는 사람에게는 중요한 창구가 될 것이다.

- ■ 활용 팁: 처음 접하는 입문자라면 '활동소식'과 '구인구직' 메뉴만 살펴도 충분하다. '활동소식'에서는 시민사회의 논평이나 대규모 연대 사업의 흐름을, '구인구직'에서는 전통적인 시민사회의 채용 정보를 얻을 수 있다.
- ■ 추천 포인트: 장기적으로 활동가로 성장하고 싶다면 연대회의가 제공하는 정보에 주목할 필요가 있다. 시민사회의 의제 구성, 연대 방식, 운동의 구조를 읽는 일은 역량을 높이는 데 큰 도움이 된다. 단기 구인·커리어 정보가 다소 부족할 수 있지만, 숲을 보는 시선을 놓치지 않으려면 꼭 확인해 보자.

4. 변화를 만드는 사람들

https://peopleforchange.kr/

다른 사이트에 비해 상대적으로 따끈따끈한 '신상'이다. 기획에 참여한 활동가들이 세심하게 고민한 흔적이 묻어 있어, 기존 플랫폼에서 아쉬웠던 기능이나 내용의 빈틈을 알차게 채워놓았다. 특히 공익활동가들의 삶과 현장을 생생한 이야기로 전달하는 콘텐츠가 핵심이다. 활동, 정책, 제도, 공모와 같은 실무 정보는 많지 않지만, 실제 활동가들이 무엇을 고민하고 어떻게 움직이는지를 보여주는 인터뷰와 사례가 차곡차곡 쌓여 있다. 또한 현장에서 벌어지는 변화를 스토리텔링 방식으로 풀어내 활동가들의 삶을 이해하는 데 중요한 관점을 제공한다.

- ■ 활용 팁: '공익활동가 주간', 비영리 활동가 학교 '엣지', '지리산 이음' 등 다양한 기획과도 연결되어 있어, 역량을 키우고 싶거나 잠시 쉬고 싶거나 동료를 만나고 싶은 활동가라면 두루 확인해 보는 것이 좋다.
- ■ 추천 포인트: 입문자에게 실질적으로 유용한 취업 및 실무 정보는 부족할 수 있다. 하지만 활동가라는 직업이 존중받을 수 있음을 느끼는 데에는 최적의 공간이다. 앞으로 달려가고 싶은 활동가보다는 잠시 여유를 가지고 옆과 뒤를 돌아보고 싶은 활동가들에게 특히 추천한다.

5. 오렌지 레터

https://orangeletter.stibee.com/

'변화는 만드는 사람들'과 마찬가지로, 플랫폼이라고는 볼 수 없지만 시민사회 활동가들에게 '오렌지 레터'를 빼놓고는 정보를 논할 수 없기에 함께 소개한다. 공익

이슈를 친절하고 읽기 쉽게 전해주는 뉴스레터 기반의 정보 큐레이션 서비스다. 정기적으로 최근의 공익 이슈, 단체 소식, 활동가 인터뷰, 추천 행사나 글 등을 정리해 이메일로 발송한다. 특정 단체나 직무에 국한되지 않고 공익 영역 전반의 흐름을 조망하고 싶은 사람에게 유익한 경로다. 물론 지원사업 등 쏠쏠한 정보를 얻고 싶을 때에도 좋다. 꼭 활동가일 필요는 없다. 누구나 구독이 가능하니, 아직 활동을 시작하진 않았지만 꾸준히 관심을 갖고 싶은 예비 활동가라면 오렌지레터를 통해 연결되어 있다는 감각을 부담 없이 느낄 수 있다.

■ 활용 팁: 팁이라 할 것까지는 없다. 핵심은 단 하나, 구독이다. 홈페이지에서 신청하면 이메일로 받아볼 수 있으며, 지난 뉴스레터도 특정 주제별로 아카이브에서 확인할 수 있다. 인스타그램이나 트위터 등 SNS에서도 주요 콘텐츠가 공유되니 참고하자.
■ 추천 포인트: 이 '동네'에서 큐레이션 역량만 놓고 본다면 단연 No.1이다

활동가는 처음이라

계엄 광장에서 비건 요거트까지, 청년 활동가의 시민사회 안내서

1판 1쇄	2025년 11월 28일

지은이	이한솔
편집	강지수

펴낸이	이재희
펴낸곳	유월서가
전화	070-4900-3094
팩스	0504-011-3094
이메일	bitsogul@gmail.com

ISBN	979-11-987943-9-0 (03330)

- 책값은 뒤표지에 있습니다.
- 잘못된 책은 바꾸어드립니다.
- 유월서가는 빛소굴 출판사의 인문·교양 임프린트입니다.